COMUNICACIÓN EN EL MATRIMONIO

20 Reglas de Oro Detrás de un Matrimonio Extraordinario

SIMON GRANT

Tabla de Contenidos

INTRODUCCION

Se supone que el matrimonio entre un hombre y una mujer es una unión de por vida. Sin embargo, esta unión está siendo atacada en varios lugares del mundo. Consideremos los Estados Unidos por ejemplo: según una encuesta reciente de matrimonios, casi el 50% de los primeros matrimonios terminarán en divorcio. Esa tasa es aún mayor si una o ambas partes se han casado antes.

En el Reino Unido, la encuesta descubrió casi lo mismo, con alrededor del 45% de los nuevos matrimonios que se cree que se dirigen al divorcio. Peor aún, alrededor del 20% de estos divorcios ocurren entre 1-3 años de matrimonio, mientras que algunos matrimonios tristemente terminan después de unos meses. Mirar esta tendencia difundida de un país a otro es realmente enfermizo teniendo en cuenta la tendencia natural humana de ser amado.

Al descubrir algunas de las razones del divorcio en estas situaciones, los problemas financieros ocupan el primer lugar. Otras razones pueden incluir la infidelidad de una o ambas partes, diferentes puntos de vista de la intimidad conyugal, tensión emocional, falta de comunicación, falta de amor real el uno por el otro, entre otros.

Cuando estos temas suben, muchos olvidan rápidamente ese hermoso día que las palabras "Yo DO" eran la mejor palabra de dos letras en todo el universo. Rápidamente olvidan los votos matrimoniales que tomaron que dejaron clara su determinación de permanecer juntos a través de gruesoy delgado, hasta que llega la muerte. Según esos votos matrimoniales, sólo la muerte debería poner fin a su unión como marido y mujer.

Por otro lado, hay parejas que han vivido juntas durante años. Un ejemplo es que el Sr. y la Sra. William (los nombres han sido cambiados) han vivido juntos en los Estados Unidos durante más de 60 años como marido y mujer. Fueron entrevistados y preguntaron cuál era la clave para el éxito de su sindicato. Ambos estuvieron de acuerdo en que aunque vivir juntos como pareja no es fácil, han aprendido a demostrar verdadero amor y respeto en su matrimonio.

Por lo tanto, el verdadero éxito matrimonial no reside en la institución-matrimonio, sino en las personas involucradas. La falta de compromiso es cada vez más en aumento con la gente que ha dejado de tratar el arreglo conyugal como sagrado. Permiten el trabajo, así como otras cosas mundanas, poner en peligro su amor y respeto por sus compañeros de matrimonio, mientras que el encanto de los asuntos extramatrimoniales también está en aumento. Entonces, ¿qué se puede hacer realmente para salvar esta tendencia bastante fea y cuesta abajo de los matrimonios modernos?

El matrimonio se puede comparar con una comida bien preparada que tiene todos los ingredientes necesarios para un sabor suntuoso.

Cuando un ingrediente está ausente, refleja cómo sabrá la comida. Por lo tanto, para que un matrimonio tenga éxito, debe tener todos los ingredientes necesarios que ayuden a la pareja a vivir felices y en paz. Estos ingredientes no son más que las hermosas cualidades que un esposo y una esposa necesitan cultivar para que su matrimonio continúe prosperando.

Dicen que el primer año de matrimonio siempre es difícil para ambas partes involucradas. Un período aún más difícil es cuando los problemas comienzan a acosar a la unión.

Este libro no dice tener todas las respuestas, ya que no hay dos matrimonios iguales. Sin embargo, ahí están las pautas básicas para una relación exitosa entre parejas casadas. También encontrará sugerencias útiles que un esposo o esposa puede seguir en ciertas situaciones comunes que las parejas enfrentan hoy en día. También estará encantado de leer algunos comentarios hechos por parejas mayores sobre lo que les ha ayudado a mantenerse fieles el uno al otro durante tanto tiempo.

Para cuando completes este emocionante y atractivo libro, puedes estar seguro de que has encontrado la clave para una vida matrimonial exitosa.

CAPÍTULO 1

REGLA NO. 1- PRIORIZAR LA COMUNICACIÓN

Para que una relación prospere debe haber una comunicación efectiva entre los involucrados. Es una manera de transmitir sus preocupaciones, pensamientos y deseos más íntimos con el fin de entenderse mejor. Sin embargo, la mayoría de las relaciones de hoy comienzan a flaquear en el momento en que se descuida este ingrediente vital para un matrimonio exitoso.

La comunicación es una cosa bidireccional: hablar y escuchar. Por lo tanto, el esposo y la esposa deben crear tiempo para estar el uno con el otro para que ambos puedan expresarse, así como escuchar los sentimientos de la otra persona. Para que la comunicación sea efectiva, debe hacerse con el deseo de complacer a la otra persona. Ya no es una comunicación eficaz si todo lo que hacemos es gritar en la parte superior de nuestras voces o incluso empezar a mentir culpas a la otra parte.

Entonces, ¿qué puede hacer realmente para mejorar sus habilidades de comunicación con su cónyuge? ¿Qué debes evitar si quieres que tu matrimonio tenga éxito? Bueno, vamos a considerar algunos.

No te enojes demasiado rápido para enojarte, puede haber ocasiones en las que los temperamentos se disparen. Esto se debe a que todos cometemos errores en el habla de vez en cuando. Si permitimos que los temperamentos se disparen con demasiada facilidad, la comunicación constructiva puede volverse fácilmente fea. Por lo tanto, cuando te des cuenta de que estás empezando a frustrarte por lo que tu pareja está diciendo, tómate un tiempo para respirar. Piensa en cómo quieres que sea tu relación, y luego escucha realmente lo que tu cónyuge está diciendo.

De esta manera, no permitirá que una simple conversación se convierta en un incendio forestal de argumentos. La verdad es que la ira puede reducir fácilmente la cantidad de conversación significativa que deberías tener en pareja. Por lo tanto, cada vez que usted y su cónyuge decidan hablar sobre cómo se sienten, sean tranquilos y gentiles con sus palabras. Usted se sorprenderá de cuánto respeto tendrá su cónyuge para usted. Nunca se sabe. Podrías estar enseñando a tu cónyuge cómo debería ser la buena comunicación con tu buen ejemplo.

Evitar prorratear culpas- Es cierto que cuando surge un problema, una persona suele ser la causa. En otros casos comunes, ambas partes podrían ser responsables de la tensión en la relación. Por lo tanto, si alguna vez se sienta a hablar sobre la situación, aprenda a señalar siempre dónde está equivocado, en lugar de señalar siempre las faltas de su cónyuge. Si su cónyuge estará en paz con usted, debe estar convencido de que siempre los tolera y no siempre los critica.

Si por otro lado, usted tiene la costumbre de repartir siempre los culpables, entonces en poco tiempo, su pareja estará cansada de tener una simple conversación con usted. Incluso si es realmente evidente que su compañero tiene la culpa, ¿por qué no permitir que él o ella mencionar y disculparse por ello en lugar de usar su culpa como un arma para ganar el argumento? Esto les dará libertad de expresión con usted.

Escucha cómo suenas, es muy fácil ver las fallas en la forma de conversación de otras personas. Sin embargo, nadie ve realmente sus propios errores, excepto cuando se le alerta. Así que prueba esto: la próxima vez que tú y tu cónyuge estén discutiendo, trata de escucharte a ti mismo y cómo suenas. Trate de entender las palabras que salen de su boca, y ver si no hay significados implícitos para ellos. Tal vez te sorprendas al descubrir que sin que lo supieras, fuiste bastante grosero al expresarte.

Si nota que hay algo en lo que debe trabajar en la forma en que conversa con su cónyuge, no se demore en corregirlo. El esfuerzo vale la pena, ya que mejorará la forma de conversación con su cónyuge. Su cónyuge se sentirá más relajado al expresar sus pensamientos e inquietudes. Te convertirás en su mejor amigo y nada será capaz de separarlos a ambos.

Discutir los problemas antes de que se estrazcan- Si no se atienden a la pronta vez, las diferencias no resueltas pueden acumularse en la medida en que impidan que ambos cooperen entre sí. Por lo tanto, cuando usted nota un cambio en las reacciones de su cónyuge, ese es el mejor momento para hablarlo. Recuerde que el objetivo no es ganar el argumento. Quieres hacer las makeuplientes con ellos y hacerlos felices de nuevo. Por lo tanto, escuchar sus preocupaciones y aceptar tranquilamente la responsabilidad por cualquier parte que jugó en el tema. Cuando haces que sea un punto de deber decir siempre "lo siento", te convertirás en muy hábil para resolver las diferencias ocasionales que podrías tener con tu pareja a través de una comunicación significativa.

Desafíos de comunicación a los que se enfrentan las parejas

- **Estilos de vida ocupados**- En la vida de hoy, las parejas pasan menos tiempo entre sí y esto a veces puede afectar la cantidad de conversaciones que tienen a diario. En algunas partes del mundo, cuando ambos se van a trabajar muy temprano en el día, sólo volverán a casa cansados hasta altas horas de la noche. Llegar a casa será todo acerca de cenar y dormir. Esto ha creado una brecha de comunicación entre los dos.

- **Los lenguajes corporales negativos implican expresión facial**, gestos y movimientos de ojos. Cuando un cónyuge nota esto en su pareja, puede actuar como un elemento disuasorio para una comunicación buena y significativa.

- **Jugando el juego de la culpa**- Como se mencionó anteriormente, esta es otra razón por la que algunas parejas no se comunican en absoluto hoy en día. Nadie quiere despertar siempre a sus defectos siendo arrojados directamente a su cara. Cuando un esposo siempre culpa a la esposa por cada error en casa, esto siempre puede disuadir a la esposa de crear tiempo y realmente expresarse a su esposo.

- **Humillando a su cónyuge,** hablamos todos los días, algunos positivos mientras que otros son negativos. Cuando usted cae en el hábito de derribar siempre a su cónyuge con un discurso hiriente, tal vez degradarla debido a su procedencia o debido a su raza o antecedentes familiares, indirectamente los estamos inquietando a nuestro alrededor, lo que eventualmente puede aumentar la brecha de comunicación entre nosotros.

- **Manteniendo un relato de las lesiones,** a veces, es mejor dejar que los pasados sean pasados. Todos somos imperfectos, lo que significa que cometemos errores todos los días. También se traduce en significa que la pareja seguirá lastimándose unos a otros de pequeñas maneras, siempre y cuando ambos vivan juntos. Por lo tanto, cuando los errores del pasado siempre se llevan a la primera venta cada vez que la pareja discute, sólo desalentará a la otra parte de tener una buena conversación.

- **Argumentos-** olvidar lo que ves en las películas, el matrimonio no es un juego para determinar quién es mejor gritando sus puntos más. Hay más sabiduría para discutir con calma las diferencias que siempre alzar las voces. Si los argumentos son habituales, la comunicación definitivamente se verá afectada negativamente entre la pareja.

- **Un discurso desconsiderado,** a veces, decimos cosas que realmente no queremos decir. Esto puede deberse a que realmente no le dimos pensamientos cuidadosos a las palabras que hablamos. A menudo, cuando hablamos de esta manera, sólo lastimamos a otros. Cuando los sentimientos de alguien se lastiman, la mayoría de las veces sólo se retiran a su caparazón emocional y la comunicación es lo menos que les preocupa.

- **En realidad no escucha-** Estarás de acuerdo en que hablar con alguien que no nos escucha no es más que inútil. Lo mismo ocurre con un matrimonio de hoy en día cuando un cónyuge apenas escucha al otro; el cónyuge herido automáticamente no encontrará placer en divulgar sus sentimientos a ellos más. En tales matrimonios, la comunicación puede ser nada más que perfunctory.

Técnicas de comunicación simples

Con los problemas destacados anteriormente, aquí hay algunas técnicas seguras para ayudar a cerrar la brecha de la comunicación entre los compañeros de matrimonio. A medida que los leas, trata de imaginar cómo será tu vida conyugal cuando se aplique. Son sugerencias que seguramente funcionarán según lo ofrecido por algunas parejas mayores que han pasado años en matrimonio.

1. **Aprender a estar callado cuando su compañero está hablando-** dos de ustedes no pueden hablar al mismo tiempo. Por lo tanto, cuando hablen, asegúrese de que no sólo está tranquilo, sino que realmente escuchar lo que tienen que decir. Jugar con tu smartphone mientras ella se expresa no es realmente la salida. Ver la tele mientras ella está derramando sus sentimientos también no es lo mejor para ti. Cuando te tomes tu tiempo para escuchar mientras ella habla, ella también será impulsada a escucharte cuando quieras expresarte.

2. **Piensa detenidamente en tus palabras-** En matrimonio, tu pareja sin duda dará más atención a tus promesas o insultos que las que escuchan de alguien que no sea sus cónyuges. Así que si su conversación debe ser significativa, es imperativo que piense bien antes de hablar. Usted puede tener las intenciones correctas, pero si no las transmite de la manera correcta, sólo puede estar agregando combustible al problema en tierra. Recuerde, usted está hablando con su esposo o esposa, así que elija sus palabras cuidadosamente.

3. **Entienda que su punto de vista puede ser diferente -** Siempre que usted debe discutir un tema importante, siempre recuerde que usted no siempre tiene razón. Incluso si usted es el jefe de la familia, que no le otorga

automáticamente un poder de veto para convertirse en un monarca en casa, siempre imponiendo su propia visión. Escuche a su cónyuge, trate de ver las cosas a su manera, y si usted puede hacer concesiones para ello, sus sugerencias se pueden implementar de vez en cuando. De esta manera se sentirá valorada y participará activamente en conversaciones posteriores.

4. **Observa su lenguaje corporal**: cosas simples como el balanceo de ojos o algunos otros gestos simples podrían sugerir que tu pareja no está contenta con algo. Así que a pesar de que no están diciendo nada, se puede discernir lo que está en su corazón observando su lenguaje corporal cuando se dice algo o tomar una determinada decisión. Puede que no quieran pronunciar esas palabras, pero sólo un compañero exigente hará un esfuerzo por entender esas palabras no dichas. Por ejemplo, si su esposo o esposa le está dando un tratamiento silencioso en casa, es una indicación de algo que no dijo o hizo bien. ¿Por favor llame a su pareja con calma y discuta? Tal vez se sorprenda de lo bien que esto le hará a su matrimonio.

5. **Sea honesto**- al transmitir sus pensamientos a su cónyuge, ser sincero con ellos y siempre asegúrese de no decir mentiras. Decir mentiras sólo requerirá más mentiras para encubrir. Y cuantas más mentiras digas, más debilitas su confianza en tus declaraciones. Por lo tanto, incluso si su cónyuge puede enojarse, siempre es bueno decir la verdad.

Ellos siempre te recordarán por eso y nunca tendrán ninguna causa para dudar de tus declaraciones.

6. **Limitar la interferencia de terceros**- si desea mejorar el nivel de comunicación entre usted y su cónyuge, evite la trampa de traer siempre a un tercero para resolver sus problemas por usted. La comunicación en el arreglo matrimonial debe ser entre usted y su cónyuge y no entre usted, su cónyuge y sus parientes.

Por lo tanto, como hemos visto una comunicación efectiva realmente puede ayudar los dos a fortalecer el vínculo entre ustedes como pareja. Es cierto que el mundo en el que vivimos hoy enorgullece las conversaciones telefónicas como la salida más fácil. Si bien eso no es una mala idea, nunca debe reemplazar la conversación física. Nunca podráleer el lenguaje corporal de una persona a través de Internet a través de una llamada telefónica.

Haga tiempo para una conversación significativa entre usted y su cónyuge y observe cuánto afectará su impacto en su matrimonio. En el siguiente capítulo, discutiremos la segunda regla para un matrimonio exitoso: cultivar un amor genuino por su pareja.

PUNTOS CLAVE

- Si desea un matrimonio exitoso, debe hacer tiempo para comunicarse con su cónyuge

- Los argumentos, la deshonestidad, el reparto de culpas y un estilo de vida ocupado son sólo algunos factores disuasorios de una conversación significativa entre parejas hoy en día

- Siempre aprende a escuchar las palabras tácitas cuando te estás comunicando con tu pareja. Esto se puede hacer observando su lenguaje corporal.

CAPÍTULO 2

REGLA NO. 2- CULTIVA EL AMOR GENUINO POR TU PAREJA

Amor, esa palabra a menudo ha sido mal interpretada o incluso malentendida a lo largo de los años. Para que un matrimonio tenga éxito, el esposo y la esposa involucradas deben amarse realmente. Pero el amor, el amor genuino no es producto del azar. Es algo que debe cultivarse. Y a veces puede tomar tiempo para que dos personas realmente se amen de esa manera.

El amor es el sentimiento que tenemos cuando somos profundamente cariñosos con alguien. Como humanos, todos queremos sentirnos amados, al igual que su marido o esposa. Así como William Shakespeare lo describe que "la ausencia de aquellos a quienes amamos es a sí mismo de uno mismo, un destierro mortal". Sentirse amado es como una medicina segura para las dolencias más dolorosas en un matrimonio. Pero en el mundo en el que vivimos hoy, el amor verdadero ha resultado esquiva para muchas personas, incluso para algunas parejas casadas.

Bueno, el problema es que muchas personas confunden el amor verdadero con el enamoramiento. Así que antes de continuar con el tema de cultivar el amor verdadero, entendamos rápidamente la diferencia entre el amor y el enamoramiento. Entonces consideraremos los cuatro tipos diferentes de amor y cómo puedes cultivarlos en tu matrimonio.

ATRACCIÓN VS ENAMORAMIENTO VS AMOR VERDADERO

El amor verdadero debe ser la base de cualquier matrimonio para que esa institución marital tenga éxito. Sin embargo, muchas personas hoy en día debido a la mera atracción o enamoramiento.

La atracción se basa en lo que ves que llama tu atención. Una mujer joven puede ser atractiva debido a cómo se viste o debido a su agradable sonrisa cada vez que hace contacto visual. Bueno, ¿quién entre nosotros no se siente atraído por una bella dama o un joven guapo que camina con confianza? No sólo nos sentimos atraídos, sino que los admiramos y queremos ser amigos de ellos.

Algunas personas lo equiparan rápidamente con el amor verdadero, basando así su matrimonio en esta base voluble. No es de extrañar que sea popular hoy en día escuchar cosas como 'Amor a primera vista'. El amor, a primera vista, no es más que atracción. Olvidan que la atracción sólo tiene que ver con lo que es obvio para los ojos humanos y, como tal, los matrimonios encontrados en esta fundación ya se dirigen hacia su fin. En pocas palabras, esos matrimonios no duran mucho.

El enamoramiento, por otro lado, es un paso por encima de la mera atracción porque implica poca pero una pasión efímera. El enamoramiento también es un sentimiento bastante fuerte, pero tal apego se denomina "irrazonable". Esto se debe a que el enamoramiento es ciego, así como se confunde con el amor de hoy en día por declaraciones como "El amor es ciego". El enamoramiento verá razones obvias por las que dos personas no pueden ser compañeros de matrimonio, pero calificarán la pasión por encima de las diferencias obvias.

Por ejemplo, imaginen a un hombre y una mujer que se conocieron en un club nocturno y se sienten fácilmente atraídos el uno al otro. Bueno, después de unas cuantas citas decidieron casarse. Mientras estaba cerca del matrimonio, todo en el espacio de tres meses, la señora descubrió que el tipo fuma, bebe y es abusivo. Pero sigue convenciéndose de que su amor debería ser capaz de pasar por alto esos vicios a pesar de que los encuentra muy irritantes. Eso es enamoramiento; ciega el ojo de alguien a la verdad todo en nombre de la pasión.

El enamoramiento es mortal porque es engañoso y es la causa de muchos divorcios hoy en día. Cuando las parejas finalmente atan los nudos matrimoniales, descubren que la pasión se desvanece antes de lo que esperaban. Ellos amanecen en ellos la realidad-todas las cosas irritantes ahora comienzan a salir a la vanguardia y antes de que te des cuenta, van por caminos separados.

Fíjarse en la diferencia entre el enamoramiento y el amor real. El enamoramiento es siempre egoísta y egocéntrico. Siempre haciendo que la persona piense en él y lo que los beneficia primero antes de la otra persona. El amor verdadero, como llegarás a entender, no es ciego y nunca es egoísta.

¿Cómo puedes saber si es realmente un enamoramiento? Pregúntate qué es lo más importante para tu pareja, y si no entras en el top 3, entonces sabe que tu vínculo sólo se construye en un terreno endeble como enamoramiento. Con el enamoramiento, siempre escuchas cosas como "nadie **me** hace sentir bien como tú", "lo que planeas hacer realmente no **me**conviene"," seré feliz si pudieras hacer..." Te das cuentade que las palabras**"yo"** o**"yo"** tienen prioridad en todo lo que se dice y se hace. Así que cuando se casen, tan pronto como no consiguen lo que quieren, entonces pequeños problemas harán que abandonen la nave para otro barco por así decirlo.

Considere estas señales claras de enamoramiento

- Piensa egoístamente casi todo el tiempo, pensando: "¿Qué beneficio recibiré?"

- El romance comienza casi inmediatamente después de la reunión (tal vez horas), y sucede casi cada vez que ven

- Sólo aprecia lo obvio en su apariencia de pareja, especialmente la apariencia física

- Hace ciego a alguien a las imperfecciones de su pareja

- Argumentos ocasionales, la mayoría de las veces se resuelven sobre las relaciones sexuales

- Te hace actuar extraño incluso descartando consejos útiles de miembros de la familia bien intencionados

El hecho es que cualquier relación que se construye sobre el enamoramiento nunca será feliz ni tendrá éxito. Para que un matrimonio tenga éxito, debe construirse sobre el amor verdadero el uno por el otro. Entonces, ¿qué es el amor verdadero?

Amor verdadero

¿Alguna vez has tomado nota de cómo algunos matrimonios son las pruebas del tiempo? ¿Aunque problemas graves nunca parecen flaquear? ¿Qué te sugiere eso? Sí, ese matrimonio se construyó sobre algo más que una mera atracción o enamoramiento. Es una fuerte sensación de apego que no es ciega a las imperfecciones de los demás. En lugar de centrarme en **mí** o en **mí,**tal relación te pone a **ti** y a **nosotros** a la luz.

Bueno, algunos podrían argumentar que el enamoramiento y el amor no son diferentes. La verdad es que son diferentes porque el amor verdadero se basa en lo que sabes de la persona; tiene poco que ver con la apariencia física. A medida que pasan los años, descubrirás que todavía sientes fuertemente por esa persona. Esto se debe a que el fundamento del amor verdadero no es transitorio, sino algo que dura para siempre. Incluso si el cuerpo se desvanece, el personaje sigue siendo el mismo y también lo hacen los sentimientos.

¿Cómo puedes saber si es amor verdadero? Es evidente en lo que su pareja dice sobre la razón por la que quieren estar con usted. También es evidente en la forma en que trata a otras personas relacionadas contigo, como los familiares y amigos. ¿Cuál es su reacción cuando se da una sugerencia o un punto de vista? ¿Su cónyuge tiene que ver con la intimidad física y el sexo? Además, considera lo que dicen de ti a tus espaldas. Si realmente te aman, nunca te dejarán en presencia de otros. ¿Cómo reaccionan cuando cometes errores?

Recuerda que el enamoramiento es ciego, pero el amor verdadero no lo es. ¿Cómo es eso? Cuando se trata de enamoramiento, los errores de la persona siempre serán jugados debido a la pasión. Pero ese no es el caso del amor verdadero. El amor verdadero ve claramente las imperfecciones de la otra persona. El amor verdadero reconoce que nadie es perfecto y que todos tenemos nuestros lados buenos, así como nuestros lados malos. El amor verdadero tratará de comparar los lados buenos de alguien, así como los lados malos. Por lo tanto, una persona que realmente te ama nunca esperará la perfección de ti después del matrimonio. Son muy conscientes de sus debilidades y están decididos a amarlos a pesar de esas debilidades.

¿Alguna vez has oído a la gente decir, "el tiempo lo dirá"? Bueno, si quieres saber si alguien realmente te ama, deja que tus emociones perduren la prueba del tiempo. Si después de muchos meses o unos años siguen sintiendo lo mismo por ti, entonces es probable que sea el verdadero amor que tienen por ti. Ahora bien, si usted es una pareja de citas y desea un matrimonio exitoso, esto podría ser más fácil de hacer- permitiendo tiempo para pasar antes de realmente comprometer sus emociones. Pero, ¿y si ya estás casado? Lo mejor es empezar a cultivar el amor verdadero por la persona con la que estás casado.

Cultivar el amor

- Aprenda a ser desinteresado en la forma en que trata a su esposo o esposa. Estar decidido a siempre poner sus intereses por delante de su propia

- No te entusiasmes demasiado con la intimidad sexual. Permita que otra cosa que no sea el sexo sea lo que te acerca a la persona

- Dedique tiempo de calidad a comunicarse con ellos. Comparte tus sentimientos sin desteltur, tus metas y deseos.

- Anota una lista de las cosas que no te gustan de ellas, así como una lista de lo que te gusta de ellas. En la mayoría de los casos, la segunda lista es más larga que la primera. Aprender a apreciar sus buenas cualidades más que sus rasgos negativos. Encomia a tu cónyuge por algo que hacen que usted aprecia todos los días.

- Evite siempre reportar a su cónyuge a sus familiares y amigos. Además, evita menospreciarlos ante tus propios familiares cercanos. Esto sólo pondrá en peligro tu fianza.

- Asegúrese de discutir los problemas que tiene amigablemente sin muchos argumentos. En lugar de gritar, practica expresarte sin levantar la voz.

Los cuatro tipos de amor explicado

En la antigua lengua griega, la palabra inglesa 'Love' se puede representar de cuatro maneras diferentes. Todos difieren ligeramente, pero todos deben entenderse si usted debe mostrar amor a su compañero de matrimonio.

Agape, una forma de amor que es evidente en las acciones que impulsa. Es un tipo de amor que es desinteresado y pone el interés de otras personas por delante de quien lo muestra. No es el amor por el afecto y la intimidad lo que esto denota como sólo se muestra en las acciones. En efecto, es un tipo de amor que se guía por los principios.

Stor-ge- un tipo de afecto que existe entre los miembros de la familia

Phi-li'a - amor o afecto entre amigos del mismo sexo o sexos diferentes

E'ros- este es el afecto romántico que existe entre los amantes, así como marido o mujer

Teniendo en cuenta los tipos de amor antes mencionados, ¿cuál de ellos es realmente importante para que tu matrimonio tenga éxito? Todos son vitales porque se supone que su pareja es su mejor amigo, así como su miembro más cercano de la familia. Por lo tanto, dado que el ágape los abarca a todos, entonces el amor ágape, un amor basado en principios es el más importante.

En el siguiente capítulo, aprenderemos de la tercera regla para un matrimonio exitoso- Respeto.

PUNTOS CLAVE

- Atracción y enamoramiento es muy diferente de Amor

- El mejor tipo de amor es el amor de principios y abnegado que hará de su matrimonio un éxito

- Los cuatro tipos de amor son EROS, AGAPE, STORGE y PHILIA. Todos son importantes si su matrimonio debe tener éxito.

CAPÍTULO 3

REGLA NO. 3 - MOSTRAR EL RESPETO ADECUADO

En pocas palabras, si respetas a alguien, honrarás y le mostrarás consideración. Si usted es un esposo o una esposa, debe aprender a mostrar siempre consideración a su cónyuge, lo que eventualmente hará mucho en la consolidación del vínculo entre ambos. El respeto en su relación contribuirá inmensamente a la alegría y el éxito de su matrimonio.

Debido a que respetas a tu cónyuge, no te sientes agobiado al asignarle un poco de dignidad a pesar de que eres el jefe de tu familia. Esta dignidad es evidente en palabras y acciones amables. Incluso si necesitan algo, el respeto te motiva a querer hacerlo por ellos. Ahora echemos un vistazo a dos áreas importantes donde es realmente importante mostrar respeto por su pareja. Para alguien que realmente respeta a su compañero de matrimonio, su pareja siempre es su prioridad. Por lo tanto, cuando quieren elegir una forma de recreación, por ejemplo, reconocen que no siempre se trata de ellos, sino de lo que también le gusta a la otra persona. El mismo principio se aplicará en la elección de la música cuando viajen juntos en un coche o al comprar. Incluso se puede aplicar cuando se trata de la elección de las comidas.

Algunas personas siempre piensan que sólo la esposa debe respetar a su marido. Pero como dice la definición, significa mostrarse mutuamente en consideración. Por lo tanto, por mucho que se espera que la esposa respete las decisiones del marido, el esposo también, por otro lado, debe respetar los deseos de su esposa y debe mostrarle una consideración más que suficiente.

Elecciones- El respeto te ayudará a recordar que no siempre tienes razón, o que lo que te gusta puede no ser atractivo para otra persona. Tomemos por ejemplo la cuestión de la crianza de los hijos. Una mujer puede querer un número específico de hijos, mientras que la elección de su esposo puede ser permanecer sin hijos. En otros casos, es la esposa la que puede no querer hijos mientras que el marido, en este caso, puede querer hijos. Si no se maneja adecuadamente, esto puede causar muchos problemas en el arreglo matrimonial. Necesitan respetarse mutuamente las opciones y "conocerse a mitad de camino", por así decirlo.

Otra área donde los compañeros de matrimonio necesitan respetar las decisiones de los demás es manejar los problemas personales. A veces, respetar las decisiones de otras personas puede significar aceptar que no puedes decidir por ellas. En algunos países en desarrollo, un esposo siempre siente que puede mandar a la esposa como se siente. A pesar de que es la norma en esos lugares, no significa que sea lo correcto. Para que los compañeros de matrimonio vivan felices, deben ser libres de tomar ciertas decisiones por su cuenta. Nadie quiere ser encarcelado en su propia casa.

Discurso- Siempre hablaremos de las personas, incluso a / sobre nuestros cónyuges. ¿Recuerdas la definición de respeto que dimos antes? Implica considerar a alguien y cómo se siente. Cuando las parejas hablan entre sí, necesitan mostrar respeto el uno al otro. El discurso abusivo y los comentarios odiosos no deberían tener lugar en un acuerdo matrimonial. Incluso si uno de ellos ha cometido un grave error de juicio, todavía no es razón para empezar a lanzar insultos el uno al otro. Una respuesta tranquila puede desactivar una reacción airada a veces, así que respete a su cónyuge, respete su matrimonio y no deje que las pequeñas cosas comiencen a hacer que su discurso sea irrespetuosamente a su pareja.

¿Qué pasa cuando hablas con otras personas como familiares cercanos y amigos acerca de tu pareja? Aún así, si quieres que tu matrimonio sea tan fuerte como siempre, siempre debes demostrar por lo que dices acerca de tu cónyuge que la respetas. Cuando estás con tus amigos, si llamas a tu marido un "idiota", lo más probable es que tus amigos comiencen a ver a tu marido como tal. ¿O qué pasa si etiquetas a tu esposa como "tonta"? La próxima vez que tus amigos quieran dirigirse a tu esposa podrían empezar a tomarla como una tonta. Por lo tanto, hable bien de su compañero de matrimonio de tal manera que cuando escuchen lo que dijo sobre ellos a sus espaldas, definitivamente contribuirá mucho al respeto en su unión.

Tenga cuidado de no revelar cosas que se comparten con usted en secreto con las personas, incluso con otros miembros de la familia. Su marido confía en usted y por eso le habló de ese contrato en el trabajo. Sería absolutamente irrespetuoso si se entera de que usted había divulgado esa información a sus amigos o incluso suegros. Respeta la confidencialidad y mantén la información en secreto hasta que quieran dejarla salir.

Gane su respeto

El respeto no es algo que se exija, sólo se puede ganar. Lo que haces, cómo los haces, lo que dices y cómo dices que contribuyen a si tu esposo o esposa te respetará o no.

Como todos saben, un marido es el jefe de la familia. Esto significa que él toma la iniciativa en el suministro de alimentos, refugio y ropa para la familia. Aparte de eso, debe ser desinteresado en proveer para la familia. Pero, ¿qué sucederá si un esposo no provee para la familia? ¿Qué pasa si se vuelve perezoso y deja que la esposa empiece a cuidar de las necesidades físicas de la familia? Definitivamente, la esposa nunca le dará tanto respeto como hubiera esperado. Pero si se toma en serio su responsabilidad de ser el jefe de familia, sin permitir que su familia carezca de nada bueno, entonces nunca tendrá que pedirle a su esposa que lo respete, pero se lo habrá ganado a través de sus acciones.

Otra área donde un esposo necesita ganarse su respeto es en su uso de la autoridad. El ambiente en casa debe ser relajado donde la esposa pueda sentir la libertad que proviene del matrimonio. Pero, ¿qué crees que sucederá si un esposo comienza a usar mal su autoridad, restringiendo excesivamente a su esposa en acciones y movimientos? ¿Y si el marido escribe una lista de dos y no hace para la esposa, comandando cada movimiento? Seguramente la esposa tendrá poco respeto por un marido así. Pero cuando la dejas hacer algunas cosas por su cuenta, tal vez tomando algunas decisiones en casa, tú como marido.sólo te estás ganando tu respeto poco a poco. Si quieres que tu esposa te respete como esposo, trátala bien, demuestra una consideración amorosa por sus necesidades, y siempre disfrutarás de su apoyo.

Hay momentos durante el mes en que una mujer puede sentirse débil y no puede realizar algunos de sus deberes en casa. Podría ser un cambio de humor ocasional, o podría estar en su ciclo mensual. No hay nada que impida que el marido la ayude con esas tareas. ¿Y el sexo? No siempre presiones a tu mujer para que tenga relaciones sexuales contigo, especialmente durante estos momentos. Muestre comprensión de su situación actual y tratar con ella de la misma manera. Usted se sorprenderá por el respeto que su esposa le dará.

Una esposa también puede ganarse el respeto de su esposo si se esfuerza por ser una esposa de apoyo. El lugar de una esposa no es cuestionar todos los movimientos y decisiones de su marido. La verdad es que hay una medida de celos en cada sana relación marital, pero cuando ella hace su objetivo de monitorear siempre los movimientos de su marido, dispositivos móviles, y así sucesivamente, ella realmente se está menospreciando ante el marido.

Hay veces que las emociones de un hombre pueden estar abajo. Esto podría deberse a un problema en casa o en el trabajo. Podría ser un cambio de humor ocasional o podría haber recordado algo que lo entristeció. Durante esos tiempos, una esposa que quiere ganarse el respeto de su marido permitirá que su marido sea al no molestarlo con otras cosas innecesarias en ese momento.

Una esposa que toma tan en serio su responsabilidad en casa sólo ganará más respeto de su esposo. A nadie le gusta una esposa perezosa, y nadie quiere una esposa que no sabe cocinar. Por lo tanto, si desea ganarse el respeto de su esposo, ser un trabajador en casa, lavar la ropa cuando es debido, cocinar en lugar de desperdiciar los ingresos del hogar en chatarra, y prestar atención a sus hijos es que usted está criando a un niño. Te habrás ganado el respeto de tu hombre. A continuación, consideraremos otra regla que puede ayudar a los compañeros de matrimonio a tener éxito-Compromiso.

PUNTOS CLAVE

- Respetar a su cónyuge ayudará a que su matrimonio tenga éxito

- Tanto el hombre como la mujer pueden mostrar respeto en el matrimonio

- El respeto no debe ser exigido, sólo se puede ganar.

CAPÍTULO 4

REGLA NO 4- EL VALOR DEL COMPROMISO

El día de la boda será recordado por la elegancia y los bonitos vestidos usados por la pareja. También será recordado por la forma en que ese día reunió a familiares y amigos desde hace mucho tiempo. Pero una cosa debería hacer que el día sea especial para la pareja, los votos hechos. Esa solemne promesa demostró que ambos están decididos a pasar el resto de sus vidas el uno con el otro.

Se supone que esa promesa hecha es un compromiso de por vida. Es como hacer una fuerte determinación que venga lo que pueda, no importa los problemas encontrados en el camino, te quedarás con tu compañero de matrimonio. Pero a medida que pasan los años, las emociones se tensan por varios problemas. Circunstancias desagradables, los miembros de la familia y los suegros se están metiendo en el camino, y más crucial que la cara hermosa y hermosa comienza a envejecer. ¿Seguirás sintiendo la misma devoción que sentiste el día de tu boda?

Considere este escenario de la vida real:

Un hombre llamado Jacques que ha estado casado con su esposa durante 10 años comenzó a darse cuenta de que su esposa ya no estaba cerca de él emocionalmente. Después de mucha sospecha de cuál podría ser el problema, cogió su teléfono una noche sólo para pasar por sus mensajes y notar que algún hombre extraño y su esposa habían estado intercambiando mensajes. Fue más allá sólo para descubrir que el hombre era su compañero de trabajo. Se sentía tan mal y empezó a llorar.

¿Cuál crees que fue el problema en su relación? Concedido que no empezaron el matrimonio en esa nota. Entonces, ¿qué cambió? ¿El compañero de trabajo mostraba un interés romántico en el trabajo? La respuesta es no. el interés romántico es sólo un síntoma. La verdadera cuestión es la falta de compromiso.

Por lo tanto, si usted también siente que la relación entre usted y su esposa se ha debilitado con los años, el problema puede ser un compromiso en el matrimonio. Entonces, ¿qué es exactamente un compromiso?

Es como una dedicación o promesa a alguien o algo, que en este caso es su cónyuge. ¿Recuerdas los votos que hiciste el día de tu boda? Prometiste quedarte en el matrimonio pase lo que pase. Es como decir que no importa lo que pase siempre lo resolveremos. No me pregunto por qué algunos utilizan el término "lealtad" para describir el compromiso entre parejas.

El compromiso no debe hacerse por un sentido del deber, ya que esto podría fácilmente convertirse en aburrido y carecer de un propósito real. Algunos compañeros de matrimonio se mantienen comprometidos con sus esposas debido a los hijos que tienen juntos. Eso tampoco es una buena razón para mantenerse comprometido en un matrimonio. El vínculo matrimonial debe traer alegría a los involucrados. La satisfacción debe ser evidente en los rostros de los compañeros de matrimonio. Deben aprender a confiar el uno en el otro y convertirse en amigos del otro. De hecho, deben ser mejores amigos el uno del otro. También deben aprender a hacer cosas juntos, como ir de vacaciones, hacer tareas en casa, e incluso conducir para trabajar juntos si trabajan en el mismo eje. Al hacerlo todos juntos, estarán más comprometidos con su matrimonio, leales el uno al otro, y estarán mejor equipados para soportar el desgaste del tiempo en su vínculo.

El compromiso es la fuerza que impulsa los matrimonios a través de gruesos y delgados. Cuando estás comprometido con tu matrimonio, incluso si peleas, discutes y dices todo tipo de cosas el uno al otro, estás seguro de que ninguno de ustedes está abandonando el matrimonio. Al final, lo hablarás con tu cónyuge. Usted está seguro de que el matrimonio es constante y no va a ninguna parte, por lo tanto usted está listo para discutir el malentendido a largo plazo con su cónyuge.

¿Tienes muchos problemas en tu matrimonio? ¿Te gustaría poner fin a esta tendencia negativa? La respuesta es fortalecer el compromiso con su matrimonio.

Fortalecer su compromiso

- Cultivar una visión saludable de su matrimonio por no siempre sentirse atrapado en la unión. Algunas personas están consternadas de estar con la misma persona por el resto de sus vidas. En lugar de ver tu unión como una trampa, consitúala como un sentido de responsabilidad que es. Recuerda, el matrimonio está destinado a ser permanente y no a un barco que saltas una vez que notas un problema.

- Evite amenazar a su cónyuge al salir cada vez que tenga un desacuerdo. Hacer esto sólo socavará tu matrimonio y no los hará felices en absoluto. Al calor de los argumentos, somos propensos a decir cosas de las que podríamos lamentar nos latero.

- Estar decidido a hacer que su matrimonio funcione. Incluso si te criaste en un hogar dividido, o incluso si tus padres se divorciaron, haz un esfuerzo concertado para nunca permitir que tu matrimonio sea como el de ellos.

- Asegúrate de que tu prioridad esté en tu matrimonio. Pregúntate cuán importante es tu matrimonio contigo, la respuesta a esta pregunta te revelará si realmente estás comprometido con tu matrimonio o no. Asegúrate de pasar tiempo regularmente con tu pareja. La cantidad de tiempo que inviertas en tu matrimonio determinará lo comprometido que estás con el matrimonio. Por otro lado, pregúntale a tu pareja si sienten que estás comprometido con el matrimonio. Si tu compañero de matrimonio piensa que no estás haciendo lo suficiente, no te sientas avergonzado o culpable. Pregúnteles qué cosas prácticas sienten que pueden hacer en otros para comenzar a mostrar el tipo correcto de compromiso.

- Estar decidido a mantenerse leal a su compañero. La infidelidad matrimonial podría ser pintada en los medios de comunicación como inofensiva, pero la verdad es que puede arruinar todo un matrimonio. Puede romper la confianza, hacer que los niños sin hogar, y puede dejarlos con un fuerte sentimiento de culpa. Una cosa que puedes hacer es jurar nunca ver pornografía. Imagínate cómo se sentirá tu compañero si descubren que lo eres. Algunas parejas cometen el error de ver pornografía juntos como pareja, pensando que les ayudará a darles vida sexual. Pero las experiencias han demostrado que sólo está socavando la relación entre ambos. Si hay algo que quieres mejorar sexualmente, ¿por qué no hablar con tu pareja sobre ello en lugar de ver pornografía?

- En el trabajo, puede enviar una señal clara a los depredadores potenciales colocando la imagen de su cónyuge en su escritorio. También puede supusar siempre el objetivo de llevar siempre su anillo de bodas dondequiera que vaya. Esto alertará a los miembros del sexo opuesto al hecho de que usted no está disponible.

- Hagan cosas que ambos disfruten juntos antes del matrimonio. Podría ser que antes del matrimonio ambos disfruten de ir al cine, vacacionar, escalar montañas o incluso andar en bicicleta juntos. ¿Por qué no participar en este tipo de actividades de nuevo y ver lo divertido que ambos tendrán. Otras maneras en que puedes reavivar tu compromiso es mirando las fotografías de tu ceremonia de boda y reviviendo esos momentos. Si tienes toda la boda en formato de video, ¿por qué no conseguir un poco de helado o palomitas de maíz y ver el video juntos. Tal vez se les recuerde lo mucho que ambos significan el uno para el otro.

- Tenga el hábito de hablar siempre con su cónyuge acerca de su día antes de dormir. Habían pasado tantas cosas durante el día, tantos altibajos. Su cónyuge lo está esperando en casa y están seguros de escuchar. Sin duda, cuando hayas compartido cómo fue tu día, ellos también serán inspirados a compartir su propio día también. A medida que ambos hagan un hábito para hacer esto, se unirán más, y descubrirán que con cada día que pasa, su vínculo es cada vez más fuerte.

- Asegúrate de escuchar cada vez que tu compañero te esté hablando. Les asegurará que los veas tan importantes como el día en que se casaron contigo.

En total, si quieres que tu matrimonio tenga éxito, debes estar comprometido con el matrimonio. En el siguiente capítulo, examinaremos otros dos antídotos para un matrimonio feliz.

PUNTOS CLAVE

- El compromiso es la fuerza que lleva a los matrimonios al éxito

- La lealtad es otra palabra utilizada en lugar del compromiso

- Distanciarse de la infidelidad matrimonial y la pornografía es que desea mantenerse comprometido con su matrimonio

CAPÍTULO 5

REGLAS NOS. 5 y 6- PERDON Y ARREPENTIMIENTO

Perdón

Nadie es perfecto; todos podemos cometer errores a veces. En términos de gravedad, los errores difieren. Romper un plato puede ser diferente de besar a otro hombre. De la misma manera no abrir la puerta del coche para su esposa podría ser totalmente diferente de enviar un sugerente mensaje de texto a otra mujer. Entonces, ya sea una mera discusión sobre algo que sucedió o algo más, no importa la gravedad del error, ¿es realmente factible el perdón? Si quieres que tu matrimonio siga siendo fuerte, necesitas aprender el arte del perdón.

Ningún matrimonio es perfecto, y eso significa que cada matrimonio tiene su parte justa de heridos y conflictos. Así que no creas que sólo tu matrimonio es defectuoso. Cuando perdonas a tu compañero de matrimonio, estás dejando ir lo que pasó y el daño que te causaron sin ningún plan para tomar represalias o hacer que sean responsables de ello. Cuando las parejas pelean y se pelean, es demasiado común que mencionen el pasado y empiecen a mencionar lo que uno hizo hace meses. Si realmente ha perdonado a su cónyuge, entonces el tema no se volvería a levantar en el futuro.

El perdón es uno de los pilares de un matrimonio exitoso, ya que les permite vivir juntos felizmente. Las parejas mayores que han vivido durante muchas décadas juntas lo atestionan que ofender a tu compañero es algo que continuará mientras ambos estén viviendo juntos. Mantener un libro de contabilidad mental de los pasados duele puede poner en peligro su relación si no tiene cuidado. Muchos compañeros de matrimonio todavía encuentran difícil perdonar a sus compañeros debido a algunas razones.

- **Decepcionadost**- cuando piensan en casarse, algunas personas piensan que el matrimonio será un lecho de rosas sin ningún tipo de enganche. Sin embargo, cuando se casan, descubren que la realidad es muy diferente de la fantasía. Pueden haber imaginado una casa de lujo, un buen coche, y la mejor oleada de compras. Pero cuando comienzan a luchar después del matrimonio, pueden sostener a sus maridos por ello y recoger cada pequeño error que comete.

- **Resentimiento**- Las heridas pueden tomar algún tiempo para sanar. Lo mismo ocurre con las heridas emocionales. Cuando se lastiman con demasiada frecuencia, a algunos compañeros de matrimonio les puede resultar difícil dejar ir algunos sentimientos heridos. Incluso podrían estar alimentando el deseo de tomar represalias cuando la oportunidad se muestra a sí misma.

- **Ventaja-** A algunas personas les gusta tener alguna forma de ventaja sobre su cónyuge, teniendolos a su merced. Podrían estar frenando el perdón cuando su cónyuge ofende entonces, tal vez utilizándolo como palanca en un caso en el que cometen un grave error. Cuando esto sucede, se referirán fácilmente a lo que la persona hizo hace semanas y por lo tanto no se le hará responsable.

- **Pensar en exceso-** Naturalmente, algunas personas piensan demasiado, y demasiado lejos. Podrían decirle a su cónyuge que les han perdonado, pero luego van y después de mucho pensar, reviven el daño una y otra vez en sus mentes. Es como abrir las heridas emocionales de nuevo. Esta vez alimentan un nuevo resentimiento contra la persona y no son capaces de dejar de deserción lo que ha sucedido.

- **Una acumulación de diferencias sin**resolver: cuando los problemas no se resuelven inmediatamente, se vuelve un poco difícil cuando se deja para más adelante. Cuando estos problemas no resueltos ahora pueden acumularse o acumularse, pueden conducir gradualmente a una etapa en la que se vuelve difícil para la víctima extender el perdón.

Cuando se les permite fomentar una falta de voluntad para perdonar en realidad puede hacer que dos parejas felices se retiren, cada uno a su propio caparazón por así decirlo. Ahora se vuelven fríos el uno al otro y desatentos a los sentimientos del otro. Antes de que sepas lo que está pasando, un matrimonio una vez feliz puede convertirse fácilmente en un matrimonio infeliz e infeliz.

Para algunos otros, podrían pretender perdonar al cónyuge que arremete, pero declaraciones pronunciadas como ".....pero nunca olvidaré". Así que se enojan con la más mínima provocación por ese compañero erituante. Sigue siendo una falta de perdón.

Una cosa que ayudará a una pareja a perdonar más a menudo es entender los beneficios que provienen del perdón y cómo puede contribuir al éxito de su matrimonio.

Beneficios del perdón en el matrimonio

Paz mental, cuando perdonas a tu esposo o esposa de algo que han dicho o hecho, te da tranquilidad en el hogar. Más a menudo que no nos lastimamos en el proceso de tratar de reaccionar a algo que es ofensivo. Cuando ponemos nuestros ojos de ellos, nos enojamos una y otra vez. Ambos viven en la misma casa, lo que significa que seguirán viéndose todos los días. Si no los perdonas por el error, con el tiempo descubrirás que tienen más tranquilidad que tú. Así que cuando su cónyuge se disculpe por lo que hicieron, amablemente déjelo ir.

El perdón fortalece tu matrimonio, te guste o no, el perdón es amor. Sin él, el matrimonio golpeará la roca en cuestión de meses. Las parejas pelean semanalmente, si no todos los días para algunos. Y cuando tu cónyuge te ofenda, te lastimará más de lo que cualquier otra persona lo hará. Por lo tanto, el perdón es algo que necesitas seguir haciendo si quieres que tu amor sea de pie las pruebas del tiempo. Cada vez que extienda el perdón a su cónyuge, mencione lo que pueden hacer para mejorar las cosas la próxima vez para que no sigan repitiendo los mismos errores una y otra vez.

Te ayuda a ser objetivo: extender el perdón solo te ayudará a manejar futuros desacuerdos con mucha facilidad. Cuando pienses en lo que realmente implica el perdón, descubrirás esta verdad. Antes de extender el perdón, debes haber pensado cuidadosamente lo que podría haber llevado a tu pareja a comportarse de esa manera. Mientras piensas en ello te enteras del día estresante en el trabajo ese mismo día, concluyendo así que estaban bajo algún tipo de presión ese día. Tomaste nota de todas las circunstancias que lo rodeaban y decidiste extender el perdón. Bueno, ese es un buen comienzo. Usted ha aprendido que cuando se producen futuros desacuerdos o malentendidos, debe tener en cuenta muchos factores. Debido a que extendido el perdón, ahora está mejor equipado para manejar futuros malentendidos pasando por el mismo proceso mental.

Te concede el perdón de tu compañero de matrimonio y de Dios, todos cometemos errores, incluso todos los días en eso. El hecho de que estés en posición de perdonar a tu compañero hoy no significa que mañana nunca te encontrarás en su situación, necesitando el perdón de tu pareja. Es de esperar teniendo en cuenta nuestro propio estado imperfecto. Si le gusta ser perdonado cuando ofende a su cónyuge, ¿por qué no extender el perdón cuando se disculpan por sus propios errores? Así como quieres que tu compañero te trate, trátalos de la misma manera.

También se ha dicho claramente en la Biblia que si queremos que Dios nos perdone por nuestros errores, necesitamos desarrollar un espíritu indulgente. El no perdonar a su cónyuge puede resultar en que Dios retenga su propio perdón. Entonces, ¿realmente querrás arriesgarte a eso por algún tipo de malentendido?

El matrimonio está destinado a ser una unión duradera. Pero a veces algunas diferencias siguen siendo irreconciliables. Una de esas diferencias es la infidelidad matrimonial. Cuando eso sucede, es mejor no pensar directamente sobre el divorcio, incluso si eso es un motivo para el divorcio por sí solo. Piensa en el futuro, en el bien a largo plazo de tu familia, especialmente si tienes hijos. No escuches a familiares y amigos porque sólo están interesados en invitarte a vengarte.

Algunos de estos supuestos asesores no tienen una familia feliz por lo que podrían querer tomar una decisión precipitada que le pondrá en el mismo nivel. Tienes la decisión final de perdonar a tu compañero o de hablar. Si haces cualquiera de ellos no has pecado. Así que tómate tu tiempo y piensa en lo que es mejor para ti en tales circunstancias.

Arrepentimiento

Para ser un receptor del perdón, debes arrepentirte de tus malos caminos y volverte al hacer el bien. Esto le dirá a su pareja que fue sólo un error y nunca un intento deliberado de hacerles daño. El arrepentimiento es un sentimiento sincero de arrepentimiento por lo que ha sucedido. A menudo viene con un sentimiento de remordimiento y una disculpa sincera. Ser realmente arrepentido, sin embargo, no es fácil, ya que requiere una verdadera humildad por parte del erandro.

El perdón tampoco es algo fácil de hacer, pero el compañero ofendido necesita ver pruebas de que realmente estás arrepentido. De hecho, sigue siendo la clave del corazón de tu pareja cuando los sentimientos se lastiman. Mientras un hombre y una mujer vivan juntos como maridos y esposas, siempre se enojarán entre vez. Si los errores son las plagas en un matrimonio, entonces el arrepentimiento es el antídoto. Sin embargo, una humilde admisión de que "me equivoco, por favor perdóname" es muy difícil para la mayoría de los compañeros de matrimonio hoy en día debido al orgullo y el ego.

Los peligros del orgullo

El orgullo es lo opuesto a la humildad. Es como esa fuerza suprimiendo los pensamientos y deseos de nuestro corazón. En el fondo echas de menos la sonrisa de tu pareja, los momentos felices, te pierdes compartir tu día con ellos y solo quieres ese abrazo. Pero el orgullo será como la segunda voz en tu cabeza diciéndote cosas como "Soy el jefe de esta familia y como tal, no necesito disculparme" o "Estoy seguro de que volverá a mí y se disculpará en poco tiempo". El orgullo le impedirá tomar las medidas necesarias para reparar la ya tensa relación entre usted y su pareja.

Si se le permite residir en la mente, hará una montaña de problemas de un topo. La verdad es que el orgullo y el ego no tienen lugar en la casa de una pareja feliz. Si quieres que tu matrimonio tenga éxito,

Signos de un arrepentimiento sincero

- **Disculpa**- Esta es la más obvia de todas las señales de que alguien está verdaderamente arrepentido. La verdad es que decir lo siento es realmente algo difícil de hacer. Esto se debe a que como humanos imperfectos, el orgullo es innato en nosotros. Pero si tu pareja está dispuesta a ir por esa línea, entonces sabe que realmente quieren hacer las cosas bien. Don't hacer que sea difícil para ellos, así, cuando están dispuestos a disculparse, don't rechazar su sincera disculpa si desea un hogar feliz.

Es cierto que una disculpa debe ser sincera si va a funcionar. Si usted es el compañero erante, asegúrese de que su disculpa sea sincera porque las mujeres son especialmente inteligentes. Pueden detectar cuando una disculpa es sincera o no.

- **Confesiones, después de** disculparse por lo malo, lo siguiente que tienes que hacer es confesar tus errores, especialmente en casos de infidelidad matrimonial. Esto también puede ser algo difícil de hacer porque podría significar contar todos los errores 'sin editar' a su cónyuge. No importa qué tipo de ofensa esté involucrada, asegúrate de ser honesto al respecto desde el principio. Si no eres claro y honesto al respecto y tu pareja te perdona en base a la versión editada de los eventos que das, ¿qué crees que sucederá cuando descubran toda la verdad de otra fuente a veces más tarde? Esta vez no sólo los habrás lastimado de nuevo, sino que también crearás dudas sobre historias en el futuro.

La confesión puede ser realmente embarazosa, pero ¿a quién le importa? Eres tu compañero quien sabe casi todo sobre ti. Su tranquilidad, la felicidad de su cónyuge y el éxito de su matrimonio son mucho más importantes que cualquier sentimiento de verguenza que pueda sentir.

En los casos en que no se trata de una irregularidad grave, es posible que simplemente seas dueño del error, admitir que estás equivocado. Incluso puedes mencionar lo que hiciste y cómo planeas evitarlo en el futuro. Esto asegurará a su cónyuge que usted está realmente comprometido con ellos.

- **Dar la vuelta-** ¿Cuál es el punto del arrepentimiento si uno no planea cambiar sus caminos? Todo será un esfuerzo infructuosa. Por lo tanto, si la causa del problema es una amistad inapropiada con otro miembro del sexo opuesto, y usted se ha disculpado con su cónyuge, ¿qué cree que puede hacer para realmente 'dar la vuelta'? Ahora es el momento de poner fin a esa amistad de una vez por todas. Recuerde que la aprobación que busca proviene de su cónyuge y no de ese amigo que representa un riesgo para su matrimonio.

Si el problema en cuestión es el de un discurso inapropiado durante una discusión, ¿puedes siempre dar un paseo durante una disputa con tu esposa? De esta manera no caerás en la trampa de decir algo de lo que luego te arrepentirás. El siguiente es el valor de confianza en un matrimonio exitoso.

PUNTOS CLAVE

- Antes de que su cónyuge pueda pensar en perdonarle, debe ser claro que usted está sinceramente arrepentido

- Un arrepentimiento sincero tiene tres componentes: Confesión, Disculpa y un giro.

- Cuando te disculpes con tu pareja, asegúrate de ser lo más honesto posible. Lo más probable es que descubra la verdad más adelante y esto puede amenazar el éxito de su matrimonio.

CAPÍTULO 6

REGLA NO. 7- EL VALOR DE LA CONFIANZA

Si su matrimonio prosperará, será satisfactorio y exitoso, la confianza es muy necesaria. La confianza es como una profunda confianza en la persona, la capacidad, los objetivos y los deseos de su pareja. Cuando confías en tu pareja, estás absolutamente seguro de lo que pueden o no pueden hacer. Esto tampoco dependerá de si usted está presente o ausente.

La confianza es como el cemento o el mortero que mantiene unidos los bloques de construcción de su matrimonio (Amor y Respeto). Aparte del hecho de que mantiene un matrimonio unido como pegamento, la confianza también es vital para que tu matrimonio sea feliz. Sin una medida de confianza, lo más probable es que la relación nunca se gradúe hasta el punto del matrimonio en primer lugar. Seguirás dudando de sus intenciones. Todo lo que puedes hacer es esperar lo mejor mientras esperas lo peor por miedo.

Es como una garantía de que esta persona siempre estará ahí para ustedes en casi todas las situaciones que nos encuentre. La confianza, sin embargo, sólo puede expresarse en acciones y palabras. Usted necesita hacer ciertas cosas para su cónyuge de tal forma que estén seguros de dónde se encuentra realmente. Sin duda, la mayoría de los matrimonios de hoy se descomponen debido a la falta de confianza, que es evidente en la infidelidad y otras formas de traición conyugal.

Tres razones por las que necesitas confianza en tu matrimonio

- **Usted tiene la libertad de disfrutar de su matrimonio al máximo**

La mayoría de las personas nunca llegan a disfrutar de su matrimonio al máximo, nunca experimentan las alturas de sus emociones. Esto se debe a que su matrimonio está plagado de falta de confianza. El amor y la intimidad se usan como armas para volver a la pareja eriqueadora. Cuando también confías en tu cónyuge, no hay absolutamente nada que no estarás listo para compartir con ellos, incluso tus secretos más profundos. Usted puede derramar su corazón a ellos sin ningún temor de que lo que les diga estará en las noticias nacionales al día siguiente. Pero cuando hay suficiente confianza en su matrimonio, cuando usted está absolutamente seguro de que su cónyuge tiene su espalda, entonces usted realmente puede disfrutar del amor, la intimidad, y la comunicación como debe ser disfrutado en un entorno conyugal.

- **Experimentas la verdadera libertad**

Un matrimonio exitoso no debe ser una prisión donde alguien está restringido, sino una institución que permite a los compañeros de matrimonio expresar amor y afecto el uno por el otro dondequiera que estén. Sin confianza, eso nunca será posible. Así que pregúntate, '¿cuánto amor y afecto se muestra en mi matrimonio, especialmente cuando estamos en público'? Si usted siente que ambos no están en la medida apropiada, entonces ese es un puntero que algo debe hacerse acerca de la confianza en su matrimonio. Pero el hecho es que la confianza sólo conduce a la verdadera libertad entre los compañeros de matrimonio.

- **Ambos estarán preparados para capear la tormenta**

Si el matrimonio se combina con un edificio, entonces los problemas que enfrenta el matrimonio hoy también pueden ser comparecedos con una tormenta. Una tormenta puede venir de cualquier dirección de la misma manera que los problemas pueden surgir incluso sin previo aviso en un matrimonio. Podrían ser problemas de salud, problemas de gestación o incluso malentendidos financieros. La confianza entre un marido y su esposa es el ingrediente necesario que puede permitir a una pareja hacer frente bien a cualquier problema que ambos enfrentan. La confianza les ayudará a lograr un irnos en lugar de pensar en su seguridad individual. A medida que pasan los años, se darán cuenta de que cuanto más enfrenten esos problemas juntos, más fuerte será su vínculo.

Está claro que para que un matrimonio tenga éxito, una pareja debe confiar muy bien en sí misma. Pero al igual que una fogata, para mantener el impulso de la quema, se necesita combustible. Y a medida que pasa el tiempo, este mismo combustible necesita ser reabastecido. Lo mismo es cierto de confianza, debe ser reabastecido de vez en cuando a medida que la pareja envejece juntos.

Esto se debe a que la confianza se puede perder por la más mínima de una decisión equivocada por parte del esposo o la esposa. Entonces, si eres una pareja recién casada, o has estado casada por mucho tiempo, ¿cómo puedes 'mantener el impulso' de tu confianza? ¿Cómo puede reponer este fideicomiso también si alguna vez ha roto la confianza de su cónyuge?

Construir y reconstruir la confianza en su matrimonio

Cada miembro de la familia, ya sea el esposo o la esposa seguramente quiere que la confianza en su matrimonio crezca con el tiempo. Pero ciertos factores pueden romper la confianza en un hogar feliz. En una encuesta realizada entre divorciados sobre lo que es más probable que rompa la confianza en un matrimonio, estas son las razones mencionadas:

1. Mentiras

2. Infidelidad

3. Deshonestidad financiera

4. Inseguridades

5. Una relación sostenida con un ex

6. Desequilibrio emocional.

Mirando los factores anteriores, está claro que para que una pareja permanezca feliz manteniendo la confianza en su unión, necesitan estas dos cosas:

- Comunicación

- Honestidad

Si estos dos carecen, entonces nunca puedes esperar que la confianza en tu relación sea fuerte. Y sin un fuerte sentido de confianza, tu matrimonio nunca será un éxito. Echemos un vistazo a los factores antes mencionados, ya que afectan a la confianza.

Comunicación

Este tema ha sido tratado en la parte anterior de este libro. Quieres que tu esposo o esposa confíe en ti, aprende a compartir tus sentimientos con ellos. No puedes esperar que tu esposa confíe en ti con sus secretos si siempre ocultas los tuyos. Si quieres saber de su día, ¿por qué no tomar la iniciativa y compartir cómo fue tu día. En el ajetreado mundo de hoy, es muy fácil culpar a la falta de comunicación en una agenda ocupada.

Pero, si el éxito de su matrimonio es de suma importancia para usted, siempre creará tiempo para estar con su cónyuge y disfrutar de una comunicación significativa con ellos. Cuanto más crees tiempo para estar juntos, más te comunicas, y cuanto más te comuniques con ellos más fuerte será el vínculo que te une. Ahí está la confianza. Por lo tanto, si alguna vez sientes que has roto en algún momento la confianza que tu cónyuge tenía en ti, toda esperanza no se pierde.

Haz que tu objetivo sea empezar a pasar tiempo con ellos. Incluso si les resulta difícil derramar sus corazones a ustedes debido a lo que hicieron, tomen la iniciativa y comiencen por compartir su propio día con ellos. Mencione los desafíos que enfrentó ese día. Constantemente tranquilízalos de tu amor. No esperes que cambien de repente, ya que esto podría llevar algún tiempo. Pero si no te cansas, empezarás a ver los cambios muy pronto y habrías reconstruido la confianza que una vez se ha derrumbado.

Transparencia

Esta es la razón número uno por la que la confianza se pierde en la mayoría de los matrimonios de hoy. Siempre comienza con una pareja fuertemente sintiendo que el marido o la esposa está ocultando algo de ellos. Por lo tanto, ellos también comienzan a ser cautelosos a su alrededor. En poco tiempo, ambos empiezan a actuar fríos y amargos el uno con el otro, comienzan a confiar en otra persona (tal vez un colega en el trabajo o un amigo), y si no se tiene cuidado, podría ser el comienzo de la infidelidad conyugal.

Siempre ten en cuenta que para ganarse la confianza de tu compañero de matrimonio, necesitan saberlo todo. A las mujeres les encantan especialmente los detalles de los temas, así que si usted como hombre está siendo conservador acerca de la verdad, sólo está contribuyendo a la pérdida de confianza en su hogar.

Aprende a decir siempre la verdad. Ahora la idea de la verdad debe ser toda la verdad y no la verdad a medias. Lo más probable es que si usted es simple y honesto en sus conversaciones ahora, no sólo hará que su cónyuge feliz y contento, también les hará creer en el futuro. Si en algún momento ha roto la confianza que su cónyuge tenía en usted debido a una decisión imprudente, ¿por qué no volver a decir la verdad? Podría ser fundamental reconstruir la confianza perdida en tu matrimonio.

Proyecto

Determina hoy que empezarás a decirle a tu compañero de matrimonio toda la verdad. Sin embargo, podría ser vergonzoso corregir lo que les has dicho antes para que sean la verdad. Pero vale la pena el esfuerzo. Estás creando una base firme para la confianza en tu matrimonio.

Piensa en todas las relaciones que tengas con miembros del sexo opuesto que podrían ser perturbadoras para tu cónyuge. Tome el paso audaz de poner fin a tales sindicatos, ya que esto podría poner en peligro la confianza que su cónyuge tiene en usted.

Al final de cada día, tome la iniciativa para compartir con su cónyuge cómo fue el día.

CAPÍTULO 7

REGLA NO 8- EVITAR EL RESENTIMIENTO

El resentimiento es ese malestar que es causado por un trato o declaración injusto. Puede parecer un pequeño, pero puede arruinar tu matrimonio porque lo descuida su felicidad. Cuanto más tiempo se queda, más difícil es de quitar.

El resentimiento proviene de un deseo deliberado de no olvidar las cosas malas que se están haciendo o diciendo por un compañero de matrimonio. Los pensamientos son frescos en la memoria, y como tal hace que sea difícil expresar cualquier afecto. Día tras día, el gozo es que un matrimonio será reemplazado gradualmente por una disposición resentida. Incluso si su cónyuge intenta entablar una conversación, o tratar de hacer algo que normalmente habría provocado una reacción gozosa de usted, deliberadamente la ignora.

El resentimiento es como un asesino de matrimonio que poco a poco se arrastra hacia el matrimonio sin que ninguna de las parejas lo planee. Pero una vez que ya esté en, seguirá alimentándose del ego de los compañeros de matrimonio y seguirá creciendo y ganando terreno hasta que haya sifón toda la felicidad en el matrimonio.

Con el tiempo conducirá a una falta de comunicación, que puede durar una semana larga, meses, incluso años. El resentimiento puede comer en casi todas las partes de la relación. Sin embargo, la comunicación es la primera víctima, luego afecta el respeto, la confianza, la intimidad y también la capacidad de perdonar al cónyuge cuando se le hace daño en la unión.

En esta sección del libro, veremos cómo evitar la tentación de resentir a su pareja puede contribuir al éxito general de su matrimonio. Esto tendrá en cuenta nuestra naturaleza imperfecta como seres humanos, con el empujón para resentir a los demás cuando nos venga algo malo. En primer lugar, examinaremos las señales a tener en cuenta para saber si usted o su cónyuge están resentidos. A continuación, examinaremos lo que pueden hacer para evitar el resentimiento en su matrimonio.

Señales de resentimiento

A nadie le gusta que lo resienten. Daña a ambas partes por mucho que se mientan a sí mismas al respecto. A menudo conduce a un tipo sutil de odio entre la pareja. Entonces, ¿cómo puedes saber que te han resentido? ¿Cómo puede determinar si también está siendo resentido?

- Tratamiento silencioso- cuando empiezas a notar que realmente reducen las conversaciones contigo, especialmente si son del tipo que habla naturalmente. Pueden dejar de compartir los buenos momentos de su día contigo, dejar de responder a las bromas divertidas y dejar de sonreírte cuando se supone que deben hacerlo. Cuando veas toda esta señal, sabe que tu pareja te molesta por una razón.

- Agresión inusual- A veces, un cónyuge puede enojarse con la más mínima provocación debido a una causa subyacente de resentimiento. Si descubres que tu cónyuge está molesto incluso en pequeñas cosas cuando sabes que no deberían serlo, ten en cuenta que tu pareja puede estar reaccionando a algo.

- Abandono intencional de la responsabilidad- estás acostumbrado a las tareas que tu esposa nunca abandonará pero de repente, te das cuenta de que siempre lo dejan al azar y en otros casos, dejan de hacerlotototototo totalmente. Tal vez su marido siempre está feliz de darle algo de dinero para algunos esfuerzos personales, pero de repente deja de darle el dinero de repente a pesar de que tiene el dinero. Si comienzas a notar estos síntomas, debes saber que tu matrimonio podría estar bajo un ataque por resentimiento.

- Hambre Sexual, para empezar, todo el mundo disfruta del sexo excepto unos pocos. Tal vez usted nota a su cónyuge que siempre está emocionado por la idea de hacer el amor a usted, pero detiene el antojo demasiado de repente. Esa es otra señal de que su matrimonio está bajo ataque.

Estas no son las únicas señales, pero son las comunes. Algunos socios podrían empezar a gritar y discutir innecesariamente contigo, otros podrían dejar de actualizarte sobre sus movimientos, mientras que otros pueden dejar de confiar en ti por completo. Sea cual sea la forma en que su pareja reaccione, sea observador de estas señales, ya que pueden arruinar un matrimonio si no es atendido con prontitud.

Ahora, si no quieres resentimiento para arruinar tu feliz matrimonio, entiende que a veces tu pareja reaccionará a algunas cosas debido al descontento. Somos imperfectos y como tales definitivamente nos ofenderemos el uno al otro.

Los resultados del resentimiento son muy peligrosos. Puede crear un vacío o una distancia entre usted y su cónyuge. Usted y su pareja no podrán llegar fácilmente a un compromiso razonable cuando se produzcan problemas. Es como si el puente emocional entre ustedes dos se rompiera y puede hacer que el resentimiento sea aún más profundo.

Cuando hay un ambiente resentido en casa, la confianza se rompe fácilmente. Tomemos por ejemplo cuando una pareja ya no puede confiar en la otra debido a una sensación de dolor que se percibe pero nunca se desecha adecuadamente en un diálogo pacífico. Se verán obligados a empezar a confiar en otro miembro del sexo opuesto. Cuanto más se presenta esta situación, más cerca están de la infidelidad matrimonial. Qué triste será si ambos permiten que eso suceda, todo en nombre del resentimiento.

Si se permite que la infidelidad matrimonial se arraigara, eso puede poner fin al matrimonio, ya que ambos no volverán a confiar el uno en el otro.

Para lograr el objetivo de un matrimonio feliz, no se debe permitir que el resentimiento se quede.durante demasiado tiempo. ¿Cómo se puede prevenir, o incluso tomar las medidas necesarias para eliminar esta amenaza?

Cómo prevenir un resentimiento prolongado

Una cosa que debes entender es que como humanos, en un momento u otro nos resentirán otros o nos molestan. Pero como pareja a pesar de que ambos experimentan esto de vez en cuando, ambos deben tener cuidado de no prolongar el resentimiento más de lo necesario. Estos son algunos pasos a seguir en otros para no quedar atrapados en la jaula de resentimiento prolongado.

Háblalo, una de las principales causas de un resentimiento prolongado es la suposición sin confirmación. Un cónyuge puede sospechar algo, pero nunca puede discutirlo con su pareja. El resultado de eso es una reacción que puede ser infundada ya que la causa percibida nunca fue abordada correctamente. Inmediatamente percibes algo que no te parece bien, habla con tu compañero de matrimonio inmediatamente. Esté preparado para no permitir que el resentimiento levante su fea cabeza en su hogar.

Si el resentimiento es como resultado de una discusión en casa, dé el primer paso llamando a su esposo o esposa para hablarlo.

Asegúrese de demostrar su inocencia y prorratear la culpa no es el propósito de la discusión, sino la paz de su hogar.

Aprender a perdonar, cuando los sentimientos heridos se dejan desatendidos, los rencores persisten, y luego las reacciones siguen. Esto es lo que puede hacer para frenar eso: entender que su cónyuge es imperfecto. Las personas imperfectas cometen errores y cuando entiendes eso, no reaccionarás cada vez que cometas errores. Cuanto más perdonas, más estás librando tu matrimonio de un resentimiento prolongado.

Elogio- cuando aprendes a apreciar a los demás, especialmente a tu cónyuge de maneras sencillas, estás sentando los cimientos de la felicidad en tu matrimonio. Por lo tanto, siempre tenga cuidado con las áreas que necesitan elogios en su compañero de matrimonio. ¿Lograron algo en el trabajo? ¿Hicieron algo bien en casa? Aprende a apreciarlos. Incluso si están resentidos contigo, lo más probable es que cuanto más los aprecies, más suave será su mente.

Abstenerse de acechar a su pareja-Hay algo que sucede cuando secretamente acecha a su compañero de matrimonio: siempre encontrará una razón para resentirlos. Si sospechas que tu cónyuge te está engañando, posiblemente debido a una distancia emocional percibida entre eso por sí solo es una causa de resentimiento. Pero, ¿cómo se verá si recoges sus dispositivos móviles y empiezas a pasar por sus mensajes privados? Lo más probable es que vea algunas cosas que afectan en gran medida su relación negativamente. Debido a que el acecho se hizo sin su conocimiento, usted comenzará a reaccionar negativamente hacia ellos. Eso sólo se sumará al resentimiento ya en el suelo. Así que el antídoto es simple: hacer un esfuerzo consciente para nunca acechar a su compañero de matrimonio. Realmente ayuda a mantener un resentimiento prolongado a raya.

Cuanto más te esfueren el resentimiento, más te estás entrenando y construyendo tu matrimonio para tener éxito. Ningún matrimonio es perfecto, pero puedes encontrar gozo a pesar de la imperfección evidente en tu matrimonio.

PUNTOS CLAVE

- El resentimiento es normal en cualquier relación sana, pero un resentimiento prolongado es muy peligroso.

- El resentimiento puede arruinar tu matrimonio porque constituye una base para muchos otros vicios en la mayoría de los matrimonios.

- La mayoría de la infidelidad conyugal es el resultado de un resentimiento prolongado.

CAPÍTULO 8

REGLA NO. 9- VISTA ADECUADA DE LA INTIMIDAD SEXUAL

A algunas personas, cuando se les pregunta qué hace que un matrimonio sea fuerte, a menudo mencionan la intimidad sexual. No se equivocan, ya que esto realmente puede tener una relación con la profundidad de una relación, incluso el matrimonio. Una pareja que tiene más sexo están más cerca unas de otras que una pareja que rara vez tiene relaciones sexuales. Sin embargo, para que la intimidad sexual realmente haga su trabajo, debe ser vista correctamente como un medio para un fin, y no el fin en sí. Esto se debe a que un matrimonio feliz requiere mucho más que simplemente hacer el amor el uno al otro.

El acuerdo matrimonial es la única manera legal, bíblica y moral de disfrutar del sexo. Eso significa que cuando las parejas mantienen el sexo dentro del arreglo matrimonial, no se sienten culpables después del sexo, son más felices después del sexo, y aprenden a confiar el uno en el otro más. Eso es lo que lo diferencia del sexo prematrimonial, así como toma los asuntos. Ambos vienen con las preocupaciones y ansiedades de la culpa. Pero en el arreglo matrimonial, se puede disfrutar del sexo de la manera en que está destinado a ser disfrutado.

Es una manera de acercarse el uno al otro de una manera muy especial. Pero, con cada privilegio viene la responsabilidad de no malusarlo. Es cierto que se puede utilizar el fuego en un entorno controlado para hervir algunas cosas y hacerlas más sabrosas, pero algo desastroso puede suceder si el mismo fuego no está controlado. Por lo tanto, si el sexo no se ve correctamente, puede saciar a un compañero de matrimonio de su alegría en el matrimonio.

Principio de mutuo acuerdo

Si ambos van a ver el sexo correctamente, es imperativo que ambos vean el sexo como algo que debe ser mutuamente acordado para que cumpla su propósito. En una relación saludable, el sexo no debe ser exigido ni debe ser forzado. Eso es lo que hace que la violación sea muy dolorosa porque se hace contra la voluntad de alguien. Por lo tanto, reconocer que su esposo o esposa merece algún tipo de respeto y dignidad. Aprendan a respetar sus decisiones a veces, especialmente en lo que se refiere a la intimidad sexual entre ustedes dos.

También es bueno para usted entender que a veces hay que su pareja podría no estar de humor. Por ejemplo, hay algunos días en un mes en que una mujer está menstruando. A menudo, las mujeres son un poco atrevicas durante estos períodos del mes. De una encuesta reciente, la mayoría de las mujeres casadas estuvieron de acuerdo en que la intimidad sexual durante estos tiempos no es algo que les interese menos.

Los hombres, por otro lado, también encuentran difícil intimar cuando están teniendo días malos o cuando están frustrados. Cualquiera que sea el caso, entender que tu pareja podría no estar sintiendo que eres es el primer paso para disfrutar de la intimidad sexual en tu matrimonio.

Considere lo que sucederá si forzara el sexo a su esposo o esposa. Pueden ceder, pero ¿realmente lo disfrutarán? ¡Apenas! Pueden empezar a verte como egoísta, pueden tener miedo de ti, o incluso perder el respeto por ti. Pero cuando ambos consideren el maquillaje emocional y las circunstancias físicas del otro, estarán cultivando una visión adecuada del sexo, lo que a su vez contribuirá inmensamente al éxito de su matrimonio. Recuerda, para que realmente disfrutes de tu vida sexual, siempre debe ser mutua y nunca forzada.

Consejos para mejorar tus vidas sexuales

Sé romántico

Cuando algunas personas piensan en el romance, lo que su mente va directamente a lo que sucede en el dormitorio. Pero esa palabra es más amplia que eso. Es bueno preparar siempre el terreno antes de pisarlo, por así decirlo. Hacer que su cónyuge se sienta bien es tan importante como la intimidad sexual misma. Por lo tanto, planea algunas fechas para cenar donde podrás hablar y conectarte muy bien. Si estás en el trabajo, también será agradable si puedes enviar un mensaje de texto a tu pareja diciéndoles cuánto los amas y lo ansioso que te gustará llegar a casa sólo para que puedas estar con ellos. Incluso podría llamarse sólo para decir que los extrañas. Pequeñas cosas como estas pueden ir un largo camino para ponerte emocionalmente a la par con tu pareja.

Haz lo que tengas

A veces, es posible que no tenga el lujo del tipo de lugares de citas o las vacaciones de lujo que solía tener. Todo lo que puede tener ahora son sólo unos minutos juntos después de un día estresante en el trabajo. Puede que no vivas solo, ya que podrías tener hijos. En cualquier situación que te encuentres, todavía puedes disfrutar de un gran rato juntos íntimamente. Si todo lo que tienes juntos después de cada día es de aproximadamente 2 horas, determina que cuente con tu pareja. Incluso si no están haciendo el amor esa noche, traten de dormir en los brazos del otro al menos. Si ya tiene niños, asegúrese de que su dormitorio esté separado de la habitación que comparte con una pareja de una hora. Cierra las puertas para que no arruinen el estado de ánimo en algún momento. Otras personas pueden encontrar útil para posponer todos los aparatos con el fin de mantener el 'tiempo de soledad' realmente especial.

Aprende el arte de un 'Quickie

En el pasado, usted puede haber sido muy reacio a probar un quickie porque simplemente no te conviene, así que puede ser una cosa que aprenderás a probar. Debido a las apretadas agendas de las personas de hoy, un rapidito podría ser justo lo que necesitan para mantener viva su vida sexual. Otro momento crucial en un matrimonio en el que un rapidito puede ser muy útil es cuando te conviertes en padre. Una gran parte de su energía se gastará en el nuevo miembro de la familia. Por lo tanto, un rapidito puede ser realmente lo mejor que ambos pueden aferrarse para mantener el fuego de la intimidad ardiendo. Una cosa que también puedes hacer es fantasear tanto como sea posible. Piensa en los hermosos momentos que has tenido en tiempos pasados, y deja que esos preciados recuerdos te mantengan tan fresco como siempre.

No seas tan aburrido.

Dicen que si sigues haciendo las mismas cosas una y otra vez, te aburrirás tarde o temprano. Lo mismo es cierto de su vida sexual como pareja. Por lo tanto, si quieres evitar esta eventualidad, asegúrate de probar cosas nuevas. Explora todo tu estilo de vida íntimo y descubre cómo puedes mejorarlo. Si tu pareja sugiere un nuevo estilo a tu vida sexual, no seas reacio a probarlo, ya que podría ser lo que les hará seguir disfrutando de la intimidad dentro de tu matrimonio. Una palabra de precaución, sin embargo, es que las relaciones sexuales son más dulces si se hace de la manera correcta. Así que, aunque quieras ser aventurero, asegúrate de que no ponga en peligro a tu compañero de matrimonio. Si lo hace, le quitará el disfrute.

Otra cosa que puedes hacer para condimentar las cosas es cambiar tu ubicación de vez en cuando. No estamos sugiriendo que se traslade cada dos o tres años. Puede tomarse un tiempo libre para unas vacaciones y ustedes dos se alojan en un hotel por un par de días. Usted se sorprenderá de cómo esto mejorará su vida sexual.

Comunicar

Si las parejas quieren seguir disfrutando de su vida sexual, es vital que siempre se comuniquen. No hay otra manera de hacerle saber a tu pareja lo que quieres que no sea hablar de ello. Si hay una cosa en particular que usted querría que se haga de manera diferente, hable de ello. No seas tímido al respecto; estás hablando con la persona más importante para ti. Pero ten cuidado de no hablar de cuánto quieres que tu pareja mejore en algo mientras ambos están haciendo el amor. Tal discusión puede esperar hasta cuando usted está haciendo otra cosa.

CAPÍTULO 9

REGLA NO. 10 – HONESTIDAD

En este mundo en el que vivimos, la honestidad es algo que se ha vuelto todo menos perdido. Un hombre y su esposa realmente no deberían tener nada que ocultarse el uno del otro, deben ser claros consigo mismos, ya que esto les hará confiar el uno en el otro.

Naturalmente, los seres humanos son muy honestos e inocentes, pero muchos se ven afectados por la tendencia común de la "no es necesario ser honesto con su cónyuge". Pero, ¿adónde ha llevado exactamente esta tendencia a muchas parejas hoy en día? La deshonestidad hoy en día es una de las principales causas del fracaso conyugal en la actualidad. Algunas personas ocultan prácticamente todo, desde sus cónyuges, desde mensajes de texto hasta llamadas, hasta ingresos. Hace algunos años, había una historia circulando en una parte de Africa sobre un hombre que empacó sus maletas y se fue de casa porque se enteró de que la casa donde han estado pagando el alquiler durante los últimos 10 años es en realidad propiedad de la esposa.

Una excusa que la gente da por ser deshonesta es el hecho de que no quieren herir los sentimientos de su compañero de matrimonio. Pero, ¿realmente mentir los mantendrá a salvo? Lo más probable es que cuando la verdad finalmente salga a la resconocer, se sentirán heridos más de lo que podrían haber sido si se les hubiera dicho la verdad. Por lo tanto, ser deshonesto en este escenario sólo hace más daño que bien.

Los psicólogos también han descubierto que los beneficios de ser honesto con su compañero de matrimonio superan con creces los riesgos. Examinemos brevemente los peligros que plantean las mentiras en el matrimonio.

Cómo los peligros de la deshonestidad

Las mentiras siempre comienzan de los más pequeños, a menudo se les dice que salven a uno de la desgracia o la verguenza. Es posible que estas pequeñas mentiras no se hagan para dañar a su cónyuge o para engañarlos de ninguna manera importante. Pero a medida que estas pequeñas mentiras continúan, llega a un punto en el que decir mentiras para salvar la cara se vuelve más fácil. Tarde o temprano más grandes mentiras se arrastrarán y en poco tiempo, te convertirás en un mentiroso perpetuo.

Mentir es una reacción en cadena; si dices una mentira, lo más probable es que digas otra mentira para cubrirla. A continuación, caerá en la trampa de mantener un registro preciso de todas las mentiras que ha dicho en caso de que se le pregunte de nuevo. Pero piensa por un momento de nuevo en todos los votos que hiciste para no herirte a esa persona especial. ¿Mentir es realmente la mejor manera de mantener esos votos? Eso es muy irrespetuoso con su cónyuge.

Si su cónyuge finalmente se entera de que usted ha estado diciendo una serie de mentiras, comenzarán a dudar de todas las cosas que alguna vez les ha dicho. Con el tiempo conducirá a una situación en la que toda la confianza que tenían en ti habrá estado perdida. ¿Realmente querrás que eso suceda sólo para salvar tu cara un par de veces?

Si vas a disfrutar de un matrimonio muy feliz, debe haber una forma mutua de respeto. La deshonestidad es tan mala en un matrimonio que puede hacer que pierdas el respeto de tu cónyuge. Pero imaginen cómo ese respeto se acumulará con el tiempo si las cosas fueran tan transparentes entre ustedes dos.

Siempre ten en cuenta que para ganarse la confianza de tu compañero de matrimonio, necesitan saberlo todo. A las mujeres les encantan especialmente los detalles de los temas, así que si usted como hombre está siendo conservador acerca de la verdad, sólo está contribuyendo a la pérdida de confianza en su hogar.

Aprende a decir siempre la verdad. Ahora, la idea de la verdad debe ser toda la verdad y no la verdad a medias. Lo más probable es que si usted es simple y honesto en sus conversaciones ahora, no sólo hará que su cónyuge feliz y contento, también les hará creer en el futuro. Si en algún momento ha roto la confianza que su cónyuge tenía en usted debido a una decisión imprudente, ¿por qué no volver a decir la verdad? Podría ser fundamental reconstruir la confianza perdida en tu matrimonio

En el arreglo matrimonial, la honestidad se manifiesta no sólo en lo que se dice, sino también en lo que se hace. Un esposo o esposa que sea honesto con su pareja no pretenderá amar a su pareja mientras hace cosas que son contrarias a lo que dicen. Tales cosas incluirán coquetear con otro miembro del sexo opuesto, ya sea en el trabajo o en otro lugar. No estarán viendo en secreto pornografía, lo que podría herir a su pareja si se enteran. También se esforzarán por mantenerse fieles a los votos que hicieron al no ir en línea para algún tipo de apego emocional.

Peligros de la deshonestidad

Argumentos frecuentes- Cuanto más deshonesto seas, más es probable que reproduzcas su enormidad cuando te enfrentes a ellos. Esto no va a ir bien con su pareja, ya que ambos están obligados a tener argumentos sobre argumentos cada vez que esto sucede. Y cuando los argumentos son demasiado frecuentes, podría llegar al punto en que usted y su compañero ya no están abiertos a ningún acuerdo.

Problemas de confianza- La confianza es una dependencia total de alguien, una expectativa de equidad, y plena confianza en su capacidad de tener siempre su espalda. Cuando eres deshonesto, o peor aún, en varias ocasiones, se quita todo eso. Ya no eres esa persona en la que siempre quieren volver a caer. Empiezan a sospechar de todas tus declaraciones. La decepcionante eventualidad de confiar en los problemas es que incluso cuando estás siendo sincero, todavía serás dudado.

Distancia emocional - después deuna serie de dichos y actos deshonestos, usted puede descubrir que su pareja ya no se siente cómodo compartiendo sus pensamientos más íntimos con usted. Como ya no eres su confidente, encontrarán a otra persona con quien se sientan cómodos compartiendo pensamientos. Si esa persona resulta ser un miembro del sexo opuesto, pronto podría estar acercándose emocionalmente a esa persona, mientras se aleja más de ti.

Matrimonio infeliz- Imagina un matrimonio donde los tres puntos mencionados anteriormente son algo común. Si un hogar está impregnado de argumentos todos los días, tienen problemas de confianza, y hay una discordia palpable entre la pareja, entonces el matrimonio se convierte en infeliz. Sólo estarán soportando la unión en lugar de disfrutarla. Este es un efecto a largo plazo de la deshonestidad en un matrimonio.

Conquistar la deshonestidad

Puede parecer una opinión impopular, pero es algo que vale la pena el esfuerzo. Nadie construirá su hogar para usted, ya que usted es el arquitecto del éxito o fracaso de su matrimonio. Los amigos te dirán que estás siendo lo suficientemente blando o no lo suficientemente hombre, pero secretamente están haciendo lo que se necesita para construir su propia casa también sin decírtelo. Por lo tanto, debe estar decidido hoy a empezar a ser transparente con su cónyuge.

Si usted es honesto en sus tratos, su esposo o compañero lo verá y lo sentirá. Será evidente en cómo tu compañero de matrimonio se relaciona contigo. Les pedirá que sean claros contigo también. Si se dan cuenta de que usted es honesto con sus ingresos que también compartirá todo lo necesario con usted como por sus propios ingresos también.

Si quieres un matrimonio feliz y exitoso, necesitas mantener a tu cónyuge feliz. Ser honesto con ellos es una forma de mantenerlos felices. A pesar de que la gente no está fomentando este hermoso hábito, aprenderlo, atesorarlo, y mantener su matrimonio tan feliz como debería ser. La siguiente receta que discutiremos es la paciencia y cómo puede ayudarte a disfrutar de tu matrimonio.

REGLA NO. 11- PACIENCIA

La paciencia que dicen es una virtud. Como esposo o esposa, usted necesita cultivar esta hermosa calidad si usted disfrutará de la vida con su cónyuge. La paciencia es una cualidad que necesitas, ya sea seres marido o esposa, ya que ambos serán probados horas extras en tu matrimonio.

Cuando muchos escuchan la palabra paciencia, lo que les viene a la mente está esperando mucho tiempo. Pero la paciencia es más amplia que eso. Es la capacidad de soportar una situación desagradable sin rendirse. También puede significar subirse sin ser fácilmente provocado. Como se mencionó anteriormente, habrá momentos en que su pareja pondrá a prueba su temperamento. Considere algunos efectos nocivos de la impaciencia en un matrimonio.

Peligros

Pérdida de respeto, nadie quiere vivir con un compañero que se inflama fácilmente ante cada ligera provocación. Es una señal de estupidez hacer siempre eso y si no se toma cuidado, puede causar problemas graves y con el tiempo puede hacer que su cónyuge pierda el respeto por usted.

Luchas- Las personas que son impaciencia son propensas a discusiones y peleas con sus cónyuges. Con más peleas viene más peleas y eso nunca puede ser un pasaporte para un matrimonio feliz. Sólo tendrá un impacto negativo en los matrimonios.

Deuda- Las personas impacientes están demasiado frustradas con tener que esperar a que se ejecuten las tareas. Por lo tanto, todo lo que quieren es ver que se hace lo más rápido posible, a pesar de que no pueden permitírselo. Pueden endeudarse sólo para lograr su objetivo. Bueno, esto no es algo bueno para la familia, ya que afectaría negativamente sus finanzas a largo plazo.

Abuso de alcohol- Debido a que esperar no es lo suyo, quieren olvidarse de la frustración a toda costa. Esto lo hacen la mayoría de las veces con alcohol y drogas. Todo esto puede llegar a ser desagradable para el cónyuge y los hijos si lo han hecho.

Distancia emocional- el impacto a largo plazo de la impaciencia por parte del marido o la esposa es que conduce a una distancia emocional entre ellos. En lugar de acercarse el uno al otro, lo contrario será el caso.

Cultivar la paciencia

No esperes la perfección- Eres imperfecto, y también lo es tu cónyuge. No esperes que sean perfectos con lo que hacen. Habrá veces que cometerán errores, así como tú también cometerás algunos errores. Así que da las asignaciones por los errores y te encontrarás feliz y tu matrimonio mejor.

Ser autocontrolado- El autocontrol es la capacidad de permanecer tranquilo frente a la provocación. Las parejas discutirán de vez en cuando y si bien esto está destinado a suceder, se debe hacer algo para evitar que cada situación se intensifique en una situación muy fea.

Practique diariamente- Si lo prueba diariamente, eventualmente se convertirá en una persona paciente para su cónyuge, así como para los niños. Por lo tanto, trate de mantener la calma cuando los miembros de su familia cometan errores. Sé amable con ellos tanto como puedas. Lleva tiempo así que practíquelo a diario.

Que el Amor lidere- Recuerda que el amor es paciente; es amable y no se provoca fácilmente. Si permites que prevalezca el amor que tienes por tu pareja, no te enojarás demasiado con ellos cuando cometan un error. A medida que cultive la bondad en palabras y acciones, su esposo o esposa llegará a apreciarlo más y a encontrar consuelo en su compañía.

Mejor salud mental- Tu tranquilidad también es muy importante, así que cálmate y no te vuelvas loco cuando las cosas no salgan a tu manera. Si te involucras demasiado en muy pocos argumentos que podrían evitarse, eventualmente verás que comenzará a afectar a cómo razonas y piensas. Un enfoque más tranquilo hará las cosas más fáciles para usted y para su cónyuge. Te mantendrás fresco para otras actividades productivas, lo que podría mejorar tu matrimonio.

Ayuda a su perdón- La paciencia es la cualidad que motiva a un espíritu indulgente. Así que, cuanto más paciente seas, más indulgente te volverás. ¿Y qué es más? Un matrimonio exitoso es la unión de dos buenos perdonadores.

Si quieres que tu matrimonio tenga éxito, más consuelo en tu hogar, más risas, es un esfuerzo que vale la pena tratar de cultivar la paciencia. Lo más probable es que cuanto más paciente sea con su cónyuge, mejor preparados ellos también estarán en la reciprocidad de tal calidad. Y como ambos saquen una buena base para esta cualidad; sólo está preparando a sus hijos también para este gran desafío.

CAPÍTULO 10

REGLA NO. 12- PASAR TIEMPO ENTRE SÍ

Razones por las que deberías pensar más en pasar tiempo juntos

Hay una serie de razones por las que usted debe crear tiempo para estar con su compañero de matrimonio. Consideremos algunos.

Una relación saludable- si su matrimonio va a tener éxito, usted necesita encontrar regularmente tiempo para estar con su cónyuge. Cuanto más permanezcan juntos, mejor los conoce. Conocerás tan bien a tu pareja que sin que ellos te digan algo, ya sabes lo que quieren.

Mejor oportunidad de resolver problemas de manera amistosa, porque cuando pasas tiempo con alguien, te enojarás más y te maquillas más rápido. Así que a medida que surgen mayores causas de pelea, se hace más fácil resolver estos problemas. Por lo tanto, si desea tener una relación exitosa con su compañero de matrimonio, usted debe pasar más tiempo con su cónyuge por esta razón.

Un matrimonio más feliz, es cierto que cuando amamos a alguien, pasaremos más tiempo con ellos. A medida que pases más tiempo con tu cónyuge a quien amas más, te vuelves más feliz, y esta felicidad irradiará a tu matrimonio.

Durarás mucho tiempo, ya que una pareja, una de las causas del divorcio es la falta de tiempo de calidad juntos. Así que a medida que pases más tiempo con tu cónyuge, sólo calmarás cualquier temor al divorcio que pueda venir en el futuro.

Usted condimenta las cosas- cuando decide pasar tiempo con su pareja, es la mayor parte del tiempo hecho en un lugar muy especial. Puede visitar lugares como el zoológico, o un acuario o incluso viajar a otro lugar monumental. Todo esto puede dar vida a una relación e incluso en su unión a largo plazo.

Cómo hacer tiempo para su cónyuge

La pregunta candente de pasar tiempo juntos como pareja es sobre EL TIEMPO. Todos estamos tan ocupados; los jefes de familia están ocupados tratando de proveer para sus esposas e hijos, una esposa en casa podría estar ocupada con su multitarea diaria-combinando una carrera secular con las tareas del hogar. Incluso si ambos han destinado algún tiempo para pasar juntos, ¿qué pasa con los eventos imprevistos en el trabajo? ¿Dónde se alojarán los niños?

Considere cuidadosamente los siguientes puntos, ya que les ayudará a ambos a cuidar todas estas preguntas mientras ambos están decididos a hacer que su matrimonio sea un éxito al pasar tiempo con su esposo o esposa.

Planifique mucho antes de tiempo- Si ambos pasarán tiempo juntos; decida con mucha anticipación en el año cuando ambos estarán dispuestos a tomar unas vacaciones durante el año. Una vez que ambos hayan identificado una época particular del año que ambos serán libres, comiencen a hacer planes para ser libres. Si lo dejas tarde antes de hacer tales planes, es posible que nunca encuentres el tiempo, ya que las prioridades podrían cambiar tanto en el trabajo como dentro de la familia.

Prepárese donde mantener a sus hijos- Si aún no tiene hijos, esto puede no ser algo que necesite hacer. Pero suponiendo que ya tenga hijos, debe empezar a hablar con su familia y amigos que está seguro de que sus hijos se sienten cómodos quedarse cerca de la posibilidad de alojar a sus hijos por un par de días que no estará cerca.

Prepárese para divertirse, todo el trabajo y nada de juego que dicen hacen 'jack' un chico aburrido. ¿Por qué no pensar en ir a algún lugar que les dé la oportunidad de divertirse? Pregúntale a tu compañero qué actividades consideran divertidas. Elige una o dos actividades que estés seguro que ambos disfrutarán como ir al cine, asistir a un concierto de música, ver un partido en vivo en un estadio o simplemente disfrutar de la vista de lugares hermosos.

Ten cuidado con quién dejas mantener a tus hijos mientras estás fuera, sigues siendo responsable de la seguridad de tus hijos si tienes alguno. Asegúrese de tener cuidado al elegir a quién dejará cuidar de sus hijos mientras no esté. Esta era moderna ha visto a los abusadores sexuales de niños llegar a ser muchos. La mayoría de las veces, estos abusadores son personas tanto de los padres como de la confianza de los niños. Por lo tanto, si un amigo o familia en particular es conocido por cualquier comportamiento cuestionable en el pasado, no deje que sus hijos se queden con ellos.

Deje que otros le ayuden- si usted es dueño de un negocio y usted tiene miedo de cómo va a ir cuando usted está fuera, es posible que nunca encuentre ese tiempo para pasar con su compañero de matrimonio. Por lo tanto, si tiene empleados, confíe en ellos para cuidar bien de su negocio mientras está fuera. Dales instrucciones claras sobre lo que quieres que te ayuden.

Sin viajar, todavía puede decidir pasar algún tiempo juntos todos los días después del trabajo. Esto es lo que puedes hacer: asegúrate de volver a casa inmediatamente después del trabajo. Esto les dará a ambos un par de horas más días de lo habitual.

Si usted es del tipo tímido, sin idea de qué hacer cuando está a solas con su cónyuge, así que le daremos algunas ideas. Si bien todo no se trata de intimidad sexual, hay cosas que pueden hacer que los acercarán el uno al otro. Confía en mí; el mayor desafío es encontrar ese tiempo que pasarán juntos. Cuando ambos han conseguido un marco de tiempo juntos, sólo tiene que tener en cuenta estas pocas opciones.

Disfruta de un momento de relax

Ambos podrían darse un capricho en el spa. Usted se sorprenderá de cuánto ambos disfrutarán del tratamiento. También puede probar algunas otras técnicas de relajación y masaje; que te ayuda a descubrir lo que más disfrutas. Si usted o su cónyuge sabe cómo dar un muy buen masaje, puede hacerlo mientras está en su habitación de hotel.

Un suave masaje es una gran manera de relajarse y pasar tiempo de calidad juntos, y lo recomendamos encarecidamente.

Comer fuera

Una cosa que usted puede hacer es planificar un paquete especial para comer fuera para ustedes mismos en días especiales. Puedes elegir todos los domingos o lunes para eso. Visite un restaurante especial y libérese de cocinar en casa para esos días especiales. La comida y las bebidas que ambos disfrutarán serán algo diferentes de lo que están acostumbrados. También les dará a ambos la oportunidad de disfrutar de conversaciones significativas. Sin duda esto te acercará el uno al otro.

Ir al cine

Algunas parejas se han olvidado de cómo ver una película juntos porque después de casarse pensaron que estas actividades ya no son necesarias de nuevo. Pero planear esto, en una ocasión muy especial de tal vez su aniversario sin duda permanecerá indeleblemente grabado en la mente de su cónyuge. Pregúntale a tu pareja qué película les gustará ver y amenazaos a un buen día en el cine. Acompaña esto con un poco de soda y palomitas de maíz. Las risas que tendrás serán memorables.

Da un paseo de vez en cuando

Hay veces que estamos demasiado estresados y podríamos decidir dar un paseo viendo la naturaleza en su mejor momento. Podría ser el zoológico o un acuario, o simplemente caminar por una calle y disfrutar del aire fresco que viene directamente de la naturaleza. Bueno, no vayas solo la próxima vez; asegúrese de ir con su cónyuge y ver cuánto se divertirán que ambos tendrán.

Planificar noches románticas

Esto es más fácil de hacer cuando estás sin hijos. Puede hacer platos especiales y velas ligeras en su mesa de comedor. Otra cosa que puedes hacer en ocasiones es bañarte juntos. Puede parecer una idea incómoda, pero te encantará. Quédense un rato en la bañera y discutan mientras ambos mantienen esa disposición íntima. Si ya tienes hijos, puedes dejarlos al cuidado de una niñera o puedes hacer que un familiar los recoja para el fin de semana. Y si tus hijos son adultos, puedes decidir tener estas noches románticas en un hotel.

Incluirlo en sus planes

A principios de año, cuando pongas cosas en tu calendario y similares, asegúrate de incluir los horarios que quieres pasar completamente con tu cónyuge en el horario anual. Podría ser un lugar que planea visitar, como la romántica ciudad de París y la antigua ciudad de Roma. Estas avenidas le proporcionan a ambos un poco de tiempo 'solo'. Incluso puede tomar estas vacaciones más de una vez al año. El primero puede ser alrededor de marzo o abril, mientras que el otro podría ser más tarde en el año como noviembre o diciembre.

Realmente vale la pena su tiempo porque pasar tiempo con su cónyuge sólo hará las cosas mejor en su matrimonio y contribuye a su matrimonio. Así que nunca subestimes lo que pasar tiempo con tu pareja puede hacer a una relación moribunda. Le dará vida y la volverá a hacer saludable.

A partir de hoy, haz un esfuerzo consciente para incluir el tiempo que pasarás con tu compañero de matrimonio en tus planes, y apégate a él. Invierta su tiempo y esfuerzo en él y vea su matrimonio florecer como y lirios.

REGLA NO 13- COOPERACIÓN/ TRABAJO EN EQUIPO

Imagina que estás haciendo trabajo en equipo solo, solo trabajarás durante largas horas y lograrás muy poco. La triste verdad es que muchas parejas no ven el matrimonio como un trabajo en equipo; por lo tanto, tratan de impulsar las actividades solos y sólo descubren que están frustrados al final del día.

Todo en un matrimonio, desde la simple toma de decisiones hasta la crianza de los hijos, todo debe hacerse juntos. Cuando esas cosas se hacen juntas, la carga parecerá pesada y el resultado siempre será un matrimonio infeliz.

Un matrimonio exitoso es un trabajo en equipo de dos personas, uno que debe ser llenado por usted y su compañero de matrimonio. Una encuesta reciente ha descubierto que aquellos matrimonios en los que las partes involucradas se ven a sí mismas como compañeros de equipo son más propensos a mostrar mayor sabiduría y más estabilidad.

¿Cómo le irá al matrimonio sin la orientación del trabajo en equipo? Piense en cómo un equipo de fútbol que se centra en la brillantez individual se irá en contra de otro equipo de fútbol que valora el trabajo en equipo sobre la individualidad. La diferencia será sin duda un punzón monumental de su vida por parte del equipo que juega juntos sobre el equipo que se centra en los esfuerzos individuales.

¿Cuál es la lección? Aprende a cooperar siempre con tu pareja en un matrimonio. No puedes hacer todo solo, ya que esto sólo complicará las cosas en tu sindicato. Su matrimonio estará desprovisto de todos los ingredientes que debe tener como diversión, sistema de apoyo, metas, liderazgo, química y cooperación.

Si decides hacer todo solo, incluso no estarás contento con el resultado.

El trabajo en equipo es uno de los aspectos más importantes de mantener un matrimonio fuerte.

¿Cómo se ve eso en un matrimonio estable y amoroso?

El trabajo en equipo es cuando dos personas trabajan juntas por el bien y el mejoramiento de su vida. En un matrimonio, el trabajo en equipo requiere varios componentes para tener éxito.

La comunicación entre dos personas es el primer paso. Al comunicar nuestras necesidades, deseos y deseos abrimos la puerta a ver algo que ambos queremos hacer realidad. La frase común, "Dos cabezas son mejores que una", funciona bien aquí, especialmente cuando se trata de trabajo en equipo. Dos personas pueden ser capaces de resolver el problema que un individuo no puede. Sin una comunicación consistente, su relación se volverá insatisfactoria y distante.

En cada matrimonio, un compromiso sólido debe estar presente o el amor de por vida que profesaban el uno al otro se ve amenazado, y tarde o temprano el matrimonio se desmoronará.

¿Con qué frecuencia no te comprometes en tu matrimonio? Parte de ser un jugador de equipo eficaz es ver el panorama general. Esto requiere una voluntad de estar abierto a las ideas de su cónyuge, ver su visión como posible, y si usted está de acuerdo con su visión o no, estar dispuesto a apoyarlos de todo corazón.

No le hace ningún bien a su matrimonio competir entre sí ni dejar que una persona haga todo el trabajo. A través del trabajo en equipo, utilizas tanto los talentos como las habilidades del compañero para hacer el trabajo.

A pesar de que usted puede tener sus diferentes carreras y ambos pueden tener éxito, pueden elegir ayudarse unos a otros en lugar de tratar de eclipsarse unos a otros.

Dos personas en un matrimonio saludable se fijan metas para lograr juntos. Hablan entre sí sobre los sueños que quieren alcanzar como pareja y comparten sus propios sueños personales que les ayudarán a seguir fortaleciendo su propio propósito en la vida.

Trabajar juntos como equipo aumenta el amor entre ustedes y fortalece el vínculo que desea apreciar.

Usted puede hablar con su cónyuge y detallar áreas que ambos realmente pueden trabajar juntos más. Podría estar en el área de corregir a sus hijos, cómo desea tener la espalda del otro más de lo que lo hace actualmente. ¿Qué pasa si ya está cooperando lo suficiente, trate de hacerlo más, ya que siempre hay espacio para mejorar. Analicen lo bien que les hará a usted y a su matrimonio. Ver a sí mismos como un equipo y lo que hacen los compañeros de equipo es trabajar juntos. Si te ayuda, menciona áreas específicas que puedes hacer mejor. Cuanto más trabajen juntos; sus hijos aprenderán la importancia del trabajo en equipo de usted y su pareja.

Si usted siente que en la actualidad usted y su cónyuge son realmente mundos separados en este aspecto, ¿qué pueden hacer? ¿Siente que usted y su cónyuge existen actualmente en extremos polares completos? ¿Ya no te comunicas eficazmente y tienes el compromiso que alguna vez sentiste escabulléndose?

Puede ser aterrador experimentar estos sentimientos en su relación. Cuando te comprometiste el uno con el otro, prometiste estar ahí el uno para el otro. Puede que te estés preguntando, "Entonces, ¿qué pasó?"

Olvidaste recordar que hay dos personas involucradas en un matrimonio y juntos eres una fuerza a tener en cuenta, pero aparte no hay un fundamento estable. Estar juntos significa que se han vuelto el uno al otro. La fuerza que tienen juntos debería acercar a dos personas.

Un matrimonio requiere mantenimiento y estar allí a través de los buenos, malos y feos momentos de la vida. ¿No es eso lo que nos prometimos el día que nos casamos?

A veces, sólo necesitamos darnos el uno al otro que necesitaban empujón o recordatorio de que estamos allí el uno para el otro.

Necesitas trabajo en equipo para mantener un matrimonio fuerte. De hecho, es una de las cosas más importantes cn su caja de herramientas de matrimonio. El trabajo en equipo los hace trabajar juntos y tratar de crear una vida buena y mejor para ustedes mismos.

Así que no compitan entre sí, no es bueno. No sientas que una persona tiene que hacer todo el trabajo. El mejor equipo es uno que hace uso de las fortalezas y habilidades de todos en el equipo para hacer el trabajo, no uno que explota las habilidades de los demás mientras salva las suyas. Así que siempre establezcan metas juntas y dibujen planes sobre cómo las alcanzarán. Sé abierto sobre dónde quieres estar juntos y comparte dónde quisieras estar personalmente. Cuanto más trabajen juntos, más fuertes son los lazos que los mantienen unidos.

PUNTOS CLAVE

- El matrimonio no es una competencia entre usted y su cónyuge. Cuanto más cooperen entre sí, más exitoso será su matrimonio.

- No importa lo ocupado que estés, encuentra tiempo para estar siempre con tu pareja.

CAPÍTULO 11

REGLA NO. 14- CONTROLA TU IRA

iedo, preocupaciones, tristeza, pérdida, decepción, desánimo son tipos de emociones que se encuentran debajo de la ira. La ira es un fuerte sentimiento emocional que puede matar o desencadenar ritmos potencialmente mortales en ciertas personas vulnerables. Todos los días, ambas partes en el matrimonio enfrentan o experimentan situaciones que las acercan a sentimientos de ira. Cuando no se comprueba nade- los nudos matrimoniales podrían aflojarse. El manejo de la ira se trata de reconocer que te estás enojando. También es cuando usted toma medidas conscientes para calmarse y lidiar con el problema.

Causas comunes de la ira

Ejemplo de padres

Si los niños aprenden cualidades vitales y personajes mientras crecen, aprenderán casi el 80 por ciento de sus padres. Dado que los niños pasan la mayor parte de su tiempo con sus padres en casa, lo más probable es que tengan más influencia en su personalidad. No es de extrañar que los niños aprendan a reaccionar a las situaciones de la misma manera que ven a sus padres reaccionar a una situación similar. Copian la forma en que hablan, la forma en que hacen ciertos gestos y la forma en que expresan ira.

Algunos niños son criados en un hogar muy hostil con temperamentos que arden de la manera más torpe por razones muy frívolas. Cuando estos niños crezcan, ellos también modelarán sus reacciones sobre asuntos triviales después de la forma en que estaban acostumbrados a la situación en casa. Cuando ellos también se enfrentan a desafíos diarios cuando crecen, sus reacciones son demasiado fáciles de predecir. Los niños son como cojines que pueden aspirar las aguas alrededor de donde se colocan. Del mismo modo, su cerebro es tan agudo que puede captar cualquier comportamiento al que estén expuestos durante estos años formativos.

Problemas personales

Cuando las cosas no salen según lo planeado, lo único que hacemos la mayoría de las veces es estar ansiosos. Por ejemplo, en la mayoría de los países del mundo, el nivel de desempleo se está desplomando a una tasa geométrica. Un informe reciente afirma que hay unos 250 millones de personas en todo el mundo que no tienen trabajo. En algunas partes de Africa, los graduados universitarios inundan la calle debido al desempleo. Las crisis familiares son la causa de las ansiedades de algunas personas, mientras que para otras, la muerte de un ser querido puede causar estos sentimientos. Cuando las personas están ansiosas, tienden a reaccionar con ira a situaciones difíciles que tienden a estresarlas más.

La enfermedad es otro problema personal con el que mucha gente está luchando. Están tan deprimidos por su condición de salud que tienden a estar enojados cuando las cosas no se hacen de una manera que les favorece. Así que si su pareja se enfrenta a un desafío importante en su vida, sepa que esto aumentará sus posibilidades de enojarse en situaciones triviales.

Injusticia

En una parte del mundo tras otra, las injusticias son comunes. Los gobiernos se están corrompiendo cada vez más, los ciudadanos se ven privados de los servicios básicos necesarios para disfrutar de la vida, las facturas de salud están matando más rápido que la enfermedad, y sin las "conexiones" necesarias no se puede permitir la comida. El tribalismo, el racismo y otras formas de favoritismo también es otra causa para una respuesta airada de las personas. Cuando uno proviene de una raza o tribu minoritaria que ha sido víctima durante un largo período de tiempo, estará tan acostumbrado a reaccionar muy enojado a ciertas situaciones que normalmente no deben evocar una respuesta airada.

Redes sociales y televisión

Algunas personas sólo están enojadas por lo que se exponen en forma de entretenimiento. Las redes sociales en estos días hacen que parezca inofensivo si usted compra un arma y lo usa. Los videos musicales están llenos de violencia en nombre del entretenimiento y la gente ve esto como normal. El resultado es una atmósfera furiosa entre los espectadores. Son más brutales en sus enfoques y tienden a mostrar menos misericordia y compasión en la forma en que se relacionan con las personas. Llegan a ver la ira como una forma de tranquilidarse de situaciones desagradables.

Todo esto puede contribuir a la agresión en la disposición de un compañero de matrimonio, que podría ser transferido al matrimonio.

Por qué la falta de manejo de la ira es perjudicial para su matrimonio

Sea cual sea el alcance en el que alimentes las llamas del amor en tu vida conyugal, determina cuánta alegría y satisfacción obtienes de ella. Constantemente enojarse el uno con el otro en cada pequeña chispa puede hacer un largo camino para restarle importancia a su deseo de alimentar las llamas del amor. Así como la ira puede acortar tu vida, puede acortar la vida de tu matrimonio. Un estudio de la Universidad de Michigan se hizo durante un período de 17 años encontró que las parejas que tienen en su ira tienen una vida más corta que aquellos que realmente dicen que están locos.

Además, una desventaja importante de enojarse es que las emociones ardientes y la adrenalina en el sistema de uno a menudo excluyen los pensamientos racionales. Tal situación es peligrosa. Casi te arrepentirás de las cosas que se dicen o se hacen con ira. El tiempo que debería haberse dedicado a discutir el progreso de la familia se canalizaría a conversaciones de disculpas sobre lo que se había expresado erróneamente en cólera.

El matrimonio es una vía perfecta para aprender a manejar la ira porque en el matrimonio experimentarás casi todas las emociones negativas. Las heridas, la frustración y la ansiedad a menudo son comunes a los compañeros de matrimonio. Pero hay mejores maneras de lidiar con estos temas en su lugar para dar rienda y gratuita a la ira. Cuando tu pareja hace algo que no te gusta, es común que tus amigos y colegas te aconsejen que vuelvas a él. Ellos le dirán que usted tiene el derecho de "pagarle de nuevo en su propia moneda" o "recuperar su libra de carne". Si bien estas ideas pueden sonar atractivas, realmente pueden hacer que las cosas vuelvan a ser malas a peores.

Aferrarse a la ira sólo te hará más daño de lo que deberías. La ira resultará en una actitud agresiva que es evidente en los gritos y gritos y 'llamarse unos a otros nombres' que es común entre algunas parejas matrimoniales hoy en día. Esto no los hará felices a los dos, y no puede hacer que su matrimonio tenga éxito. Si estas cosas no pueden ayudar a su matrimonio cuando ocurren problemas, ¿qué puede realmente ayudarlo? Considere los siguientes consejos útiles.

Sea paciente con su cónyuge
Si un matrimonio realmente estará a la calidad de su buen nombre, lanzar abusos e insultos no tiene lugar en él. Lo que estos vicios hacen es que hace que el hogar sea habitable para usted y su pareja. La mayoría de las veces, estas cosas suceden debido al orgullo o ego de los compañeros de matrimonio. La verdad es que, cuando te agravian, tómate un momento para inhalar y exhalar, y luego piensa en lo que quieres decir. Si eres consciente de que tu ira puede hacer que digas cosas que no quieres decir, puedes dar un paseo. Antes de que regreses, las cosas se habrán calmado y estarás en una mejor posición para controlar tu lengua y tus pensamientos.

Ser indulgente

Entiende que así como tu compañero se equivoca en tu contra, tú también puedes equivocarte contra ellos. Ambos son imperfectos, lo que significa que cometerán errores. Así que cuando cometan estos pequeños errores, aunque puedas estar enojado, no te aferras a tanta ira por mucho tiempo.

Comunicarse honestamente

Si realmente amas a tu cónyuge, es vital que te expreses de una manera tranquila y amorosa, incluso si estás enojado. No permitas que la ira bloquee esa parte de tu cerebro que te recuerde que estás hablando con tu esposo o esposa. Si esa parte no está bloqueada, les dirás lo que quieras con amor y no con ira. Es cierto que podrías sentir el dolor, pero recuerda que tu meta es un matrimonio exitoso. No importa cuánto sientas el dolor, nunca olvides este hecho

REGLA NO 15- SER FLEXIBLE CON FINANCIAS

Una de las principales causas de divorcio en la actualidad es el dinero o los asuntos financieros. La diferencia de opinión e ideas a menudo conducen a una tensión irreconciliable y a una separación eventual. Se ha observado que la mayoría de las parejas podrían haber tenido una visión muy diferente del dinero y lo que puede comprar antes del matrimonio. Cuando estos se casen, será difícil fusionar estos puntos de vista diferentes. Cuando el dinero importa, estas opiniones diferentes pueden causar problemas muy serios que quitarán la paz en el matrimonio.

Es cierto que el dinero nunca puede comprar amor, pero el dinero importa y el desacuerdo puede destrozar un matrimonio. Puede causar peleas y peleas, ya que una creencia de larga data sobre el dinero no es fácil de cambiar. El dinero puede tener mucho que ver con las metas de la vida. Y si las metas de la vida de una pareja no cuentan bien, tal vez nunca sean realmente felices como pareja.

Para algunas personas, no están de acuerdo con operar una cuenta bancaria conjunta, mientras que otra podría insistir en una cuenta conjunta. Algunas personas están interesadas en comprar cosas materiales como teléfonos y coches rápidos. Otros están interesados en poseer propiedades como casas y tierras. Todas estas opiniones diferentes pueden causar una medida de fricción en el matrimonio.

Entonces, si quieres un matrimonio feliz y exitoso, ¿qué puedes hacer? ¿Cómo puedes manejar estas diferencias? Usted puede atender a estas cosas llamando a su compañero de matrimonio y teniendo un diálogo con ellos acerca de cómo llegar a un compromiso razonable. Algunas otras cosas que usted necesita hacer también es hablar sobre sus metas y encontrar una manera de alinearlos. Si usted puede tener este tipo de conversación con su cónyuge, usted ha superado el primer obstáculo para superar los problemas financieros entre ustedes dos.

Una conversación realista

Cuando se trata de tales diálogos, cuanto antes mejor. La mayoría de las parejas abandonan este tipo de charla hasta el momento en que necesitan tomar tales decisiones. Es cierto que hablar de finanzas puede ser bastante incómodo, pero discutirlo con mucha anticipación realmente vale la pena. Si una persona quiere ser frugal y la otra quiere vivir espléndida, es el momento de entenderse. Al hablar de tales cambios, tenga en cuenta la educación diferente, que podría desempeñar un papel en la forma en que su cónyuge piensa acerca del dinero y lo que el dinero puede comprar. Independientemente de cómo sea su proceso de pensamiento, llame a su cónyuge y a ellos; te gustaría tener una conversación sobre tu futuro. Incluso si su cónyuge quiere una cuenta conjunta o separada, definitivamente estarán interesados en discutir lo que el futuro tiene para ambos.

Analice cuáles son sus ganancias, la frecuencia con la que le gustaría ir de vacaciones, cuánto le gustaría gastar en comestibles, comida, ropa, etc. También puede hablar sobre cuánto le gustaría gastar en organizar el hogar, los gadgets que va a utilizar, y cuánto planea gastar en sus suegros. Si usted tiene este tipo de discusión con mucha antelación, no será un problema real cuando usted va a tomar tales decisiones.

Mientras habla de esas cosas, espere que a veces lo que desea o cuánto sugiere podría ser diferente de lo que su cónyuge quiere. Recuerde que su meta es hablar de ello de manera amistosa y mantener la felicidad en su matrimonio. Por lo tanto, cuando su opinión es diferente y usted sabe que la suya es mejor, no imponga su opinión sobre ellos. Discutir con calma por qué crees que tu idea es mejor. Prepárate para rendir de alguna manera, ya que no siempre puedes tener tu camino. Esto también los hará felices.

No se desanime de que su primera reunión para hablarla puede no ser lo que esperaba, todo suave. Incluso si no está de acuerdo, no se rinda, busque otro momento y discuta todos los problemas financieros apremiantes.

Sean Francos con Ustedes mismos

Las emociones pueden estallar a veces, y eso es de esperar. Pero si se permite convertirse en una disputa prolongada, la discusión podría no conducir a un compromiso razonable. Por lo tanto, cuando discuta tales problemas con su cónyuge, abténgase de usar idiomas que estén contaminados con daño emocional o frustración. No use acusaciones y términos degradantes para humillar la visión de su cónyuge sobre las finanzas. Y no seas demasiado rápido para culpar a tu compañero de matrimonio por un cambio en la fortuna financiera de tu familia. Incluso cuando es obvio que cometieron un grave error de juicio en el pasado, no lo use como arma durante sus argumentos. No seas muy crítico, pero sé franco. Di las cosas de la manera exacta en que son sin tener que avergonzarlos o una acción que tomaron.

Recuerde que el objetivo de la discusión es encontrar una fórmula de trabajo, así que sea claro con sus intenciones. Una vez que ambos lleguen a una solución, anote e incluso puede escribirlos. Así que de nuevo, esta discusión no es una para ser utilizada para criticar a su pareja, no su decisión pasada. También se espera que su cónyuge sea franco con usted también. Por lo tanto, no se sienta por etapas arriba cuando su cónyuge menciona algo sobre sus hábitos financieros que necesitan ser corregidos.

Elaborar un plan para cumplir con susmetas.

Lo primero que debe hacer en este caso es sentarse con su cónyuge y discutir en detalle en qué se debe gastar dinero. Y usted está de acuerdo en cada elemento de esta lista, escríbalo y establezca una línea de tiempo para la ejecución del plan. Al decidir sobre esto, tenga en cuenta todos sus ingresos y ganancias mensuales (para ambos). Elimine los gastos y deudas innecesarios. Si es necesario, ajuste cuánto se llevará a su cuenta de ahorros al final de cada mes. Esto le permitirá saber cuánto está disponible para el gasto y asumito cuánto se puede utilizar para las cosas que ambos detallaron.

Al final de cada mes, vaya a su lista y marque las cosas en la lista que se han ejecutado. Esto le dará una idea de lo lejos que ha llegado y lo que todavía hay que hacer. A medida que pasa el tiempo, es posible que incluso vea la necesidad de ajustar las cosas de la lista. Es posible que debas reordenar otras cosas. Si va a hacer un buen uso de esta herramienta, debe asegurarse de que las cosas en la lista no es totalmente su sugerencia.

Desarrollar un plan financiero

Hay algunas cosas en casa que requieren dinero consistentemente. En otras palabras, esos proyectos de ley son recurrentes. Algunas de esas facturas son facturas de gasolina, internet, comestibles, y cosas por el este. Si se van a cumplir sus metas financieras, ambos necesitan encontrar una manera de pagar esas facturas recurrentes cada mes. Recuerden, o son el esposo o la esposa, ambos están involucrados. Con suficiente cooperación ambos harán que funcione.

Visite sus planes semanalmente

No pase por alto la necesidad de una revisión semanal de su plan financiero. Es cierto que ya tiene un plan y hay otros compromisos financieros ya resueltos, todavía tendrá que considerar cómo está llegando el plan. Una visita semanal le alertará de cualquier distracción que quiera estropear cualquier plan que tenga. También le ayudará a saber dónde poner en más esfuerzo. Le ayudará a ahorrar más en un caso donde la tendencia actual podría conducir a la bancarrota. Hay ocasiones en las que es posible que se le otorgue un bono en el trabajo. Una visita semanal de su plan financiero le avisará de dónde mejor debe entrar el bono.

Esperanza para lo mejor

Puede haber momentos en que tus planes flaqueen, no te rindas. La ocurrencia imprevista puede interrumpir meses y meses de plan. Ya que son un equipo, se compensarán el uno al otro cuando puedan. Anímense unos a otros a medida que avancen mientras se elogian mutuamente por cumplir sus compromisos. El dinero importa no es un tema fácil entre las parejas, así que no caigas en el juego de la culpa. Las críticas solo te ralentizarán, mientras que los comentarios negativos solo desalentarán a tu pareja. Cuando haya un problema con tus planes, recuerda que eres un equipo. Esto significa que ganas juntos y pierdes juntos.

Consideremos otra cosa que todos necesitamos si nuestros matrimonios deben ser exitosos, un trabajo duro.

CAPÍTULO 12

REGLA NO. 16- SER TRABAJADOR

Todo lo bueno requiere un nivel de trabajo duro. El matrimonio es como una rueda fina que necesita ser dirigida continuamente para mantenerlo en marcha. Requiere esfuerzo para que un matrimonio funcione bien, de hecho, todas las áreas vitales del matrimonio requieren una medida de trabajo. Un matrimonio exitoso no es producto del azar, sino de un esfuerzo de conciencia.

Consideremos brevemente cómo se necesita esfuerzo en algunas áreas vitales del matrimonio.

Responsabilidades

El hombre es el jefe de la familia, y como tal es el principal responsable del mantenimiento de la familia. La comida, el refugio y la ropa son su responsabilidad, por así decirlo, aunque su esposa pueda ayudarlo. Por lo tanto, mientras siga cumpliendo con sus responsabilidades de manera consistente, no habrá ningún problema. Pero cumplir tales tareas no puede ser fácil, ya que es posible que necesite ser un hombre trabajador en el trabajo y en casa. Piensa por un momento en lo que crees que podría suceder si un esposo deliberadamente deja de cumplir con sus responsabilidades? Puede empezar a dar algunas excusas endebles y en poco tiempo, la esposa comenzará a enojarse con la nueva actitud. Así que sí, en la parte del marido, se requiere un trabajo duro para hacer su trabajo.

Una esposa es como un sistema de apoyo para el marido. A pesar de que ella no es la cabeza de la familia, sigue desempeñando un papel muy importante en la familia. Ella es responsable de la mayoría de las tareas en casa, cocinar, hacer comestibles y cuidar de la casa. Ahora para la mayoría de las mujeres, también tienen sus carreras. Combinar todo esto definitivamente no es una cosa fácil de hacer. Para que ella mantenga la rueda rodando, debe ser una mujer trabajadora para cumplir con su responsabilidad. Piense también en lo que podría pasar si deja sus responsabilidades al azar. Bueno, lo mismo sucederá: la paz del matrimonio se verá amenazada.

Por lo tanto, para que el matrimonio tenga éxito, se debe hacer suficiente esfuerzo en el cumplimiento de las responsabilidades que se les asignan.

Comunicación

La comunicación entre parejas debe ser la conversación más importante de todas las conversaciones. Pero el estilo de vida ocupado liderado por muchos compañeros de matrimonio también está amenazando esta hermosa herramienta que puede cimentar los lazos entre parejas. Los cónyuges salen tan pronto como sea posible para trabajar en estos días porque necesitan proveer para sus necesidades. Pero a pesar de este desafío, con el esfuerzo adecuado, todavía pueden hacer un buen uso de los medios de comunicación disponibles.

Los teléfonos móviles pueden ser muy útiles en este tipo de situaciones, pero sin ningún esfuerzo para poner una llamada a través, incluso este medio de comunicación seguirá siendo inútil. Por lo tanto, tanto para el hombre como para la mujer, ambos deben ser trabajadores si quieren mantenerse en contacto durante todo el día por teléfono mientras ambos están ocupados en el trabajo. También requerirá trabajo duro para pasar algún tiempo por las noches entre sí después de un día estresante en el trabajo.

Perdón

Anteriormente en este libro, discutimos un ingrediente muy importante necesario para un matrimonio exitoso. Ese ingrediente es el perdón, lo que significa soportar los errores de su cónyuge y dejar que el daño que hicieron que se fuera. Bueno, eso también nunca va a ser posible sin esfuerzo o trabajo duro. Después de tantos errores de la misma persona, se necesita mucho coraje para poder dejar ir los sentimientos heridos. Ser paciente con su cónyuge es seguro una fórmula de trabajo real para un matrimonio exitoso, pero sin ningún esfuerzo, la paciencia no se puede lograr.

Resolviendo diferencias- Más a menudo que no, usted tendrá algún desacuerdo con su compañero de matrimonio. De hecho, tendrás la mayoría de tus peleas, peleas y gritos con ellas. Pero, dejar todo al azar no los beneficiará a ambos si quieren mantener la misma energía que los reunió durante todo el matrimonio. Necesitas resolver tus problemas a medida que aparecen para que no haya ninguna distancia emocional. Pero la cosa es resolver las cuestiones matrimoniales requiere un poco de paciencia, coraje, humildad y trabajo duro. Por ejemplo, después de una tensión percibida su relación no es una cosa fácil para ponerse de pie para ir a conocer a su pareja y decirles que lo sentimos incluso cuando usted sabe que son el responsable del problema en el suelo y que son los que necesitan decir que lo sentimos. Pero, su matrimonio y de vez en cuando tendrá que hacer tal asignación para ellos.

Permanecer fiel

Si hay una parte del matrimonio que requiere trabajo duro es mantenerse leal a sus votos matrimoniales. Con la presión de iniciar una aventura, ya sea en el trabajo o en otro lugar cada vez más, se está volviendo aún más difícil para el esposo y la esposa permanecer fieles. Es cierto, siempre verá a alguien que sea más guapo que su cónyuge, alguien más rico, con más privilegios, y así sucesivamente. Por lo tanto, quedarse con esa persona es incluso un reto. Pero con la motivación adecuada y la cantidad correcta de esfuerzo, es un desafío que se puede superar. Por ejemplo, imagine un compañero de trabajo muy atractivo en el trabajo que está mostrando un interés extraordinario en un hombre o una mujer casados. Por muy atractivos que sea el compañero de trabajo, incluso pueden ser más cariñosos y más ricos. Por atractivos que sean, seguramente se necesitará un nuevo nivel de trabajo duro y esfuerzo para que el compañero de trabajo del matrimonio sea capaz de defenderse de tal interés romántico fuera de lugar.

Beneficios del trabajo duro en un matrimonio

Una mejor relación- cuando estés listo para dar a tu matrimonio lo que sea necesario, cuando seas realmente trabajador, descubrirás que la relación que disfrutas con tu cónyuge, la amistad que tienes con ellos sólo crecerá. Esto se debe a que te amarán por lo que eres y por lo que haces. Saben que harás cualquier ajuste sólo para que tu matrimonio funcione. Esto también hará que te respeten más. Y recuerda que el amor y el respeto son dos ingredientes principales en un matrimonio.

Vidas más felices - Cuando usted disfruta de una relación saludable con su compañero dematrimonio, usted será feliz. Verás, la felicidad es un producto del trabajo duro, y cuando puedes hacer lo que se necesita, verás los resultados de tu arduo trabajo. Para que su matrimonio sea llamado un éxito, la alegría y la felicidad deben ser evidentes no sólo para ambos, sino también para los forasteros.

Mejor Salud- ¿Quieres vivir todo el tiempo que quieras? El antídoto es de buena salud. Pero, ¿cómo el trabajo duro puede darte una mejor salud? La relación de la que disfruta un marido y su esposa es realmente una relación especial en la que su estado de salud está determinado por lo saludable que es su relación. Cuando ambos se esfuercen en hacerse felices el uno al otro, cuando se mantienen fieles el uno al otro incluso bajo una presión inmensa, definitivamente se sentirán cómodos con su cónyuge en cualquier momento en que estén a su alrededor este consuelo se traducirá en una mejor condición de salud.

Confianzamejorada: cuando trabajes duro para mantenerte fiel, por ejemplo, la confianza de tu pareja en ti mejorará. Estarán absolutamente seguros de que a pesar de la presión externa, siempre tienen su espalda. No serán inseguros debido a la nueva secretaria en el trabajo o al vecino demasiado amable. A medida que crece la confianza entre ustedes, también lo hace el amor que ambos comparten.

Cooperación - recuerde que elmatrimonio es trabajo en equipo como se discutió anteriormente. Bueno, tu pareja sólo estará lista para cooperar contigo si ellos también están seguros de que estás haciendo tu parte. Vamos a explicar este punto utilizando las responsabilidades que tanto el esposo como la esposa tienen en casa. El hombre es el jefe de la familia, mientras que la mujer es el apoyo o el complemento. Cada uno seguirá cumpliendo con su responsabilidad si se dan cuenta del esfuerzo que el otro está poniendo en cumplir con la suya. Imagínese si uno es demasiado laxo con sus tareas, cómo desalentará al otro compañero de hacer todo lo posible para mantenerse al día con los suyos. Así que cuanto más trabajen ambas partes duro para ello, más cooperación exhibirán.

A pesar de que el matrimonio requiere una medida de disciplina y trabajo duro de ambas partes, realmente vale la pena el esfuerzo. Si algo es realmente importante para ti, no te sentirás disuadido por lo mucho que necesitas hacer para mantenerlo. Tu matrimonio va a tener éxito a largo plazo. Y no sólo el éxito, le da a sus dos vidas un valor real. Fortalece su determinación de permanecer juntos, afecta la forma en que sus colegas lo ven, y da un ejemplo apropiado a los más jóvenes que contemplan el matrimonio. Más que todos los beneficios mencionados, los hace felices y contribuye inmensamente al éxito de su matrimonio

REGLA NO. 17- BONDAD

Hay muchas definiciones que la gente le da bondad hoy en día. Connota un espíritu generoso, una actitud cariñosa hacia el cónyuge y un sentimiento de compasión en palabras y acciones. Sin duda esta cualidad es muy esencial en un matrimonio exitoso. Para la definición anterior, la bondad no es evidente en lo que decimos solo, sino también en lo que hacemos.

La bondad va a ser evidente en prácticamente todos los aspectos de la relación. Consideremos algunas áreas. Pero antes de hacer eso, consideremos una pregunta que ha preocupado a muchos durante siglos.

¿La bondad es una debilidad?

La gente se enorgullece de ser fuerte y testaruda hoy en día, especialmente cuando hombres y mujeres se jactan de su destreza en su matrimonio. Las personas que son amables son consideradas anticuadas y débiles por sus amigos y familiares. Declaraciones como "usted es el hombre de su hogar" y "Sé que estoy equivocado pero nunca me disculparé" son demasiado comunes en nuestra sociedad de hoy. Este tipo de pensamiento ha llevado a muchos a ver a los cónyuges bondadosos como débiles hoy en día.

La bondad como debilidad es un concepto erróneo que ha generado tantos entusiastas. Pero, ¿alguna vez te has preguntado si la bondad no es como se pinta hoy? ¿Y si la bondad es una fortaleza y nunca una debilidad? ¿Recuerdas la última vez que hiciste algo bueno por tu cónyuge? Podría ser un regalo que compraste o un elogio sincero que se ofreció. Pregúntate, '¿cómo les hizo sentir eso'? ¿Recuerdas la última vez que le dijiste sinceramente a tu marido que lamentabas algo que hiciste? ¿No estaba contento al oírte decir eso?

Compara eso con la última vez que castigaste o criticaste a tu compañero de matrimonio por algo dicho o hecho. ¿Fueron más felices después de la conversación? ¡Apenas! Dicho esto, es evidente que ser crítico y duro en tratar con las personas es un enfoque mucho mejor que tratarlos de manera cruel.

Ser amable al tratar con su cónyuge también tiene una mejor manera de afectar el estado de ánimo y la actitud de su cónyuge. Imagínese cómo ser cruel afectará las conversaciones que pueda estar teniendo posteriormente, cómo afectará a cómo ambos cuidarán sus tareas. Definitivamente, será diferente de cómo debe ser.

Si la bondad es una debilidad, los resultados de la bondad deberían haber sido una desventaja para otra. Pero cuando las cosas se hacen de una manera amable, usted descubrirá que los resultados son más positivos. Por lo tanto, comprenderán que la bondad, a diferencia de lo que usted es posible que haya conocido o se le haya dicho, nunca es una debilidad sino una fortaleza. Dicho esto, consideremos ahora algunos ejemplos prácticos de cómo ser amables en su matrimonio.

Amabilidad en la resolución de diferencias

Siempre habrá problemas que resolver porque nadie más te enojará más a menudo que tu compañero de matrimonio. Por lo tanto, es muy importante que usted debe ser amable al resolver tales problemas. La bondad es necesaria primero cuando su compañero de matrimonio está explicando su lado de la historia. Cuando están hablando, lo mejor que puedes hacer es escuchar. Ahora la idea de escuchar no es usar tu teléfono móvil mientras están hablando contigo. Pero, realmente escucha. Trate de obtener su versión de la historia y su punto de vista. Cuando sientan que realmente estás escuchando, entonces estarás dando el primer paso en la resolución de ese problema. Así que como usted puede ver la bondad es muy vital si usted va a resolver con éxito sus problemas en pareja.

Otra área donde necesita amabilidad al resolver problemas es cuando usted está señalando lo que su cónyuge hizo que estaba mal. La forma en que dices esas cosas puede hacer que se disculpen o descontentos. Evita declaraciones como "Es tu culpa" o "Nunca me escuchas". ¿Por qué no reemplazar esas declaraciones con cosas como "¿Cómo crees que habrían resultado las cosas si lo hiciéramos de esta manera"? Ahora, la segunda declaración tiene como objetivo desencadenar el razonamiento de su cónyuge. Sin que les ordenes, se verán obligados a pensar en lo que pueden hacer mejor la próxima vez. Por lo tanto, la bondad no es repartir la culpa, sino ayudar a su cónyuge a razonar sobre cómo ser mejor sin que usted ordene que sean. Verás, ser amable es una mejor manera de resolver problemas que ser duro.

También será un signo de bondad poder admitir que estás equivocado, donde necesitas admitirlos. En el fondo, un delincuente sabe que ha hecho algo malo. Al resolver problemas, determine ser amable por ser rápido para decir que lo sentimos cuando realmente necesita decirlos.

Imagínese cómo la cosa habría resultado si un compañero de matrimonio nunca es amable, nunca admite sus faltas incluso cuando está claro que son culpables, nunca escucha a su cónyuge cuando están derramando su sentimiento cuando están hablando, siempre culpan a su marriag e mate de una manera dura. Tal matrimonio no será más que una desgracia y una infeliz. Sin duda, ser amable es la única manera de resolver un problema.

Amabilidad en el cuidado de ellos

A lo largo de su tiempo juntos como pareja, tendrá que cuidarse mutuamente constantemente. Cuando te preocupas por alguien, estarás muy interesado en su bienestar. El cuidado se expresa en acciones y no en palabras de boca. Por lo tanto, ser amable le ayudará a entender las necesidades reales de su cónyuge y lo motivará a hacer algo al respecto. Por ejemplo, si nota que su esposa necesita una nueva cocina de gas en casa y que la actual que tiene ahora le está dando algunos problemas, ¿qué sería amable moverlo como esposo para hacer? Si puedes permitirte otro cómodo, ¿no lo comprarías para ella? Si ella está enferma y no puede realizar algunas tareas en casa como cocinar y tal vez limpiar la casa, ¿qué bondad haría que un marido hiciera? Nada te impide cuidar de la casa mientras ella está abajo, sabiendo muy bien que el hogar les pertenece a los dos.

Como esposa, ¿qué pasa si algo pasa y tu marido se queda sin trabajo? Estar sin trabajo significa que no hay dinero para llevar a casa, pero las facturas están aumentando. Si usted tiene el dinero, la bondad lo moverá para cubrir a su marido en estos tiempos difíciles. Verás, la bondad te hará cuidar a tu compañero de matrimonio en estas áreas sin quejarse.

Amabilidad al tratar con suegros

Tus suegros son una característica constante de tu vida desde el día en que te casaste. Significa que a partir de ese momento, usted estará tratando con ellos, ya sea directa o indirectamente. Dado que la forma en que te relacionas con ellos puede afectar la relación entre tú y tu compañero de matrimonio, es muy importante que seas amable con ellos también. Hay veces que pueden necesitar tu ayuda, especialmente los padres de tu pareja. Esperarán que usted haga una o dos cosas por ellos. Por ejemplo, si usted es esposo y los padres de su esposa están avanzados en años puede haber ciertas cosas que requieren su interferencia directa como reclamar beneficios de jubilación y otros beneficios sociales si hay alguno disponible para los mayores en su país. Otro ejemplo es que si eres esposa y los padres de tu pareja no viven muy lejos de ti. Es posible que necesiten hacer algunas tareas de la casa y que su esposo no esté demasiado disponible para atenderlos. Ser amable con su cónyuge se extiende a ser amable con sus suegros también. Otra área que usted necesita para ser amable con sus suegros es cuando se habla de ellos a la gente. No es amable si usas términos muy despectivos para describirlos, incluso si hicieron algo mal.

Amabilidad en el elogio

El valor de la mención no puede ser exagerado. Cuando estén realmente agradecidos por las cosas que se les han hecho y muestren tal aprecio con palabras, descubrirán que fortalecerá la relación entre ustedes dos. Un simple "gracias" puede hacerles saber que estás muy agradecido por lo que se hizo. Y cuando quieras un favor de ellos, no te costará nada decir 'por favor' antes de decirles lo que quieres hacer. Usted se sorprenderá de cuánto esto aumentará la amistad que ambos disfrutan. Cuando aprendes a decir esas dos palabras mágicas: 'por favor' y 'gracias', es un acto amable de tu parte. La bondad también significará que usted se abstiene de usar comentarios sarcásticos al tratar de dar tal elogio.

Amabilidad en la intimidad sexual

Este aspecto realmente exige bondad ya que ponerse en el lugar de los demás le ayudará a lidiar con ellos con amabilidad. Por ejemplo, hay momentos en que las cosas no son tan cómodas para usted su pareja y naturalmente no se sentirán inclinados a ser íntimos con ellos. Si su compañero de matrimonio no está teniendo un buen día, lo más probable es que no estén demasiado interesados en ser pegajosos y sexuales. Ser amable significa entenderlos y por lo que podrían estar pasando. Cuando una mujer está teniendo su "visitante mensual", estará en su punto más bajo durante esos momentos.

Estará malhumorada, temperamental y ansiosa. Estarás de acuerdo en que el sexo y ser íntimo no es lo que necesitan en ese momento. Necesitan cuidado y mucho descanso. La bondad de su parte le hará abstenerse de presionar o exigir relaciones sexuales durante estos tiempos.

Cuando ambos están haciendo el amor el uno al otro, la bondad también los moverá a no exigir demasiado de ellos a medida que entienden su fuerza. De hecho, la bondad significará no ser egoísta cuando tratas de satisfacerte a ti mismo. La amabilidad también significará que no empiezas a hablar de los detalles de la intimidad sexual entre tú y tu pareja con tus amigos. Eso puede ser vergonzoso si tu pareja se entera.

La bondad es ser desinteresado
La bondad elimina cualquier rastro de egoísmo. Motiva a uno a siempre querer hacer algo por los demás, siempre queriendo hacerlos felices, incluso a expensas de la comodidad personal. Un compañero de matrimonio amable no estará demasiado ocupado para atender a su cónyuge. Podría ser después de un día muy largo en el trabajo y necesitan hablar con usted acerca de algo que es muy importante para ellos. A pesar de que estás muy ocupado, ¿serás tan amable de privarte de unos minutos de descanso para ellos? Sí, eso es lo que una persona amable siempre hará. Nunca dejes que tu pareja piense que el trabajo o cualquier otra responsabilidad es más importante para ti que ellos.

La bondad es ser generosa

Esta es la señal más obvia que su compañero de matrimonio verá que le sugerirá su bondad hacia ellos. De hecho, algunos eruditos equiparan la bondad con la generosidad. Cuando eres amable, tomas en consideración lo que sienten de tu cónyuge y ofreces la ayuda que puedas para protegerlos del daño. Por lo tanto, muestran un sentimiento genuino de empatía y afecto.

Dicen que la bondad es una virtud. Es una cualidad que impulsa a las personas a comportarse bien, ya sean vistos o no vistos por otros. Una persona amable siempre tratará de ser buena con los demás (su cónyuge en este sentido) sin ningún tipo de compensación de ellos. Si usted es amable con su cónyuge, siempre los tratará de la misma manera que querrá ser tratado.

La bondad se muestra en la voluntad de realizar simples actos de favor para su compañero de matrimonio como ayudar con los platos o limpiar la cena después de una comida juntos. Cuando vea a su cónyuge necesitado, y esté en posición de ayudarlos, no dudará en hacerlo. Usted no tendrá que ser impulsado y estos actos tipo se harán incluso al azar.

Una persona amable será naturalmente generosa. Siempre estará dispuesto a ayudar a su cónyuge con cualquier tarea o incluso darle dinero para ciertas cosas sin que se les pregunte. La bondad también es evidente en su disposición a dar de su tiempo a su cónyuge libremente. Un esposo o esposa amable siempre piensa en su cónyuge primero y en lo que pueden hacer para ayudarlos a ser felices. Por lo tanto, crean un ambiente feliz para ellos mismos y para toda su familia.

La bondad expresada para ayudar a los demás es una virtud que ustedes como hombre o mujer casados deben cultivar si desean que su matrimonio tenga éxito. Estar decidido a salir de su zona de confort para ayudar a su pareja en la forma más pequeña que pueda. Intenta en la medida de lo posible equilibrar tu generosidad y tu bondad. No caigas en la categoría de personas a las que les gusta ser generosocon las personas de afuera pero que no son con tu esposo o esposa. Recuerda que deben ser lo primero.

¿Recuerdas la regla de oro? Así como quieres que los hombres te hagan, así que debes hacerlo con ellos. Así que siempre imagina lo que te gustará hacerte. Esto le permitirá hacer lo mismo con su cónyuge en momentos de necesidad.

Cuando su esposa o esposo se enferma, ¿puede tratar de cumplir algunas de sus responsabilidades? ¿Puede sortear hacer mandados para ellos, ayudar con su ropa sucia, o comprarles algunos medicamentos? De hecho, eres el médico, el padre, la madre, el amigo y cualquier otra cosa que se te ocurra. Asegúrese de cubrirlos cuando pueda y esto lo convertirá en el cónyuge más amable de la historia.

Pregúntele genuinamente a su pareja cómo están después de un largo día de trabajo. Cuando preguntes, realmente lo dices en serio y presta atención cuando están respondiendo a esa pregunta. Eso le dirá a tu pareja que realmente te importan. Haz que tu objetivo sea siempre felicitarlos o elogiarlos. Una persona amable siempre hace que los demás se sorcien de sí mismos. En lugar de derribarlos con tus palabras durante una pelea, absténgase de decir algo que sea realmente perjudicial para su personalidad. Cuando ayudes con una tarea, no esperes nada a cambio.

Siempre sea amable en disposición y en actitud. No seas demasiado frío cuando estés con tu pareja. Es parte de lo que puedes hacer para ser amable con ellos. Evite ser demasiado crítico y discuta. Aquí está la realidad de las cosas, cuanto más amable seas con ellas, más cerca estarán de ti y más felices serán ambos.

Amabilidad para evitar el discurso hiriente

Si usted está siendo amable con su pareja, usted no aprovechará todas las oportunidades para tomar una excavación en ellos, ya sea en público o en privado. Ahora, consideremos brevemente la cuestión de la bondad al hablar con calma y respeto a su cónyuge. No necesitas empezar a desatar insultos a tu pareja cada vez que ambos no están de acuerdo en algo. No dejes que los gritos y gritos sean lo "normal" en tu matrimonio.

Si esto es lo que experimentas a diario, determina hoy que pondrás fin a ello. Una forma de hacerlo es identificar las causas de esas sagas y meditar sobre la importancia del ajuste. Consideremos algunas razones por las que el discurso hiriente es común en los matrimonios de hoy.

La crianza familiar, cuando los niños que crecen en un ambiente hostil donde el hurling de insultos es frecuente tienen familias propias, tienden a modelar sus actividades según las de sus padres que los criaron. Esta es una de las principales causas de un discurso hiriente en muchos matrimonios.

La industria del entretenimiento- películas y videos musicales hacen que los discursos hirientes suenen como una cosa normal que debe ser utilizado en las conversaciones diarias de hoy. Esto es evidente en lo que los niños dicen en la escuela a diario. Cuando estos niños crecen para tener una familia propia, pueden pensar que lanzar abusos contra sus cónyuges con normalidad.

Cultura- En algunas culturas, todo lo que se les enseña es que un hombre debe 'ser un hombre'. En otras palabras, cuando un hombre es dominante o un comandante en casa, sólo está cumpliendo con su responsabilidad. A algunas culturas también se les enseña que una mujer sólo es útil para satisfacer sexualmente a un hombre. Hacen que los hombres abusen de sus esposas y lanzar insultos a sus esposas se convierte en algo normal para ellos.

Puede haber otras causas, pero cualquiera que sea; discurso hiriente puede conducir al final de su matrimonio si usted no pone fin a él. Tus palabras pueden ser tan poderosas como tus puños. Es por eso que el abuso verbal es tan grave como el abuso físico. Puede hacer que su cónyuge quede sin valor y sin importancia. Peor aún, puede hacer que su pareja confiera en otra persona, lo que será perjudicial para la relación entre ustedes dos.

¿Quieres ser amable con tu compañero en cómo hablas con ellos?

Cómo conquistar discursos hirientes

Sea compasivo

Antes de decirle algo a tu pareja con ira, haz una pausa un momento y pregúntate si te gustará que te lo digan. Trate de sentir el dolor en su corazón. Entonces poco a poco llegarás a entender cómo lo que dices siempre los hace sentir acerca de sí mismos. Pregúntale a tu pareja cómo te calificarán en tal caso y qué puedes hacer para mejorar. Evite justificar lo que dijo como correcto o incorrecto. Lo más importante es cómo lo que dijiste les hizo sentir. Entonces, piensa en una forma menos hiriente de expresar tu pensamiento.

Imitar parejas ejemplares

Puede haber algunos esposos y esposas que usted aprecia bien en su ciudad o religión. Pueden haber sido como un modelo a seguir para ti. ¿Por qué no preguntarles qué les ayudó a superar el desafío del discurso hiriente? ¿O por qué no observar cómo se hablan entre ellos? Esto puede ayudarte a ser amable en el habla con tu compañero de matrimonio.

Reaviva tus sentimientos

Cuando salías y cortejabas, ¿recuerdas el tipo de amor que ambos compartían en ese entonces? De la misma manera que se hicieron sentir tan fuertes que ni siquiera pensarán en insultarla por implicación y mucho menos insultarlos por lo que dijiste. Trate de reavivar tal sentimiento tal vez saliendo en citas de nuevo. Podrías ver las fotos de hace mucho tiempo o pensar en los recuerdos que ambos compartieron. Estos sentimientos volverán y ustedes serán movidos a tratarse unos a otros con respeto de nuevo.

Saber cuándo parar

Si los temperamentos están empezando a arder y el habla se está saliendo de control, puede ser que ya que ambos están hirviendo en la ira. ¿Por qué no te detienes y dejas que las cosas mueran antes de hablar de ello de nuevo? Si quieren mostrar más bondad en el habla, especialmente cuando las cosas están bastante calientes entre ustedes dos, aprendan a dejar de hablar cuando se den cuenta de que las cosas se están saliendo de control.

Por lo tanto, sólo puede mejorar la relación entre usted y su cónyuge por ser amable con ellos.

CAPÍTULO 13

REGLA NO. 18- AUTOCONTROL

El autocontrol es la capacidad de abstenerse, de la mente, del pensamiento o del habla de hacer algo. Este es un ingrediente muy importante en un matrimonio si el matrimonio va a durar y ser feliz. Un matrimonio sin autocontrol se puede similarar a un vehículo en movimiento sin que funcionen correctamente los frenos. Tarde o temprano, después de un paseo suave será muy difícil de reducir la velocidad.

El autocontrol es importante en varios aspectos de un matrimonio y también es un signo de que el compañero de matrimonio que muestra que está mucho madurado. El autocontrol le ayudará a entender que como ahora es parte de una familia inmediata, sus deseos y deseos ahora deben ser controlados porque lo que usted quiere como persona debe tener en cuenta lo que su cónyuge quiere.

El autocontrol también te hará recordar que no es cada vez que tienes deseos sexuales que debe ser satisfecho porque lo que tu cónyuge quiere en ese momento puede ser diferente de lo que quieres, y la cortesía exige que te mantengas amable y consideres cómo son tarifas Ling.

El autocontrol también te ayudará a recordar que aunque algo está bien no te da la audacia de decirlos de la manera que quieras. Esto se debe a que ahora tienes que empezar a tener en cuenta los sentimientos de tu compañero de matrimonio. El autocontrol también te permitirá ser fiel en tu matrimonio. Siempre habrá ese tercero que tratará de amenazar el amor entre usted y su esposa. Incluso si esto es muy tentador, el autocontrol te ayudará a enfocar tu amor romántico sólo en tu pareja

Fortalecer su autocontrol

Si usted es del tipo que lucha con sentimientos negativos, especialmente sentimientos sexuales u otros pensamientos negativos, examine las cosas que permite dentro de usted. ¿Podrían ser los tipos de películas que ves? ¿Qué hay de la música que escuchas? También podrían ser los libros que lees o las formas en que tus ojos deambulan cuando ves a otras mujeres. Sin embargo, no importa lo negativo, determine nunca ver una imagen negativa dos veces. Si la primera vez que ves que fue por un error, trata de no echarle esa segunda mirada. Reduce el número de novelas románticas que lees. Si usted es el tipo que se masturba, estar decidido a discutir siempre con su pareja cuando esos sentimientos vienen y asegúrese de que su pareja solo satisface su necesidad sexual.

REGLA NO. 19- SER PACÍFICO

La paz es muy importante en un hogar. Si la felicidad prospera, debe comenzar de que ambos tengan tranquilidad.

Realmente no importa quién tenga razón o quién esté equivocado, no importa quién sea el primero en disculparse. Sólo una cosa es importante: que des el primer paso, te disculpes y hagas las cosas bien. Nuestro pequeño ego siempre querrá esperar a que nuestro compañero de matrimonio se arrastre hacia nosotros y suplicar hasta que estemos satisfechos. Pero, si realmente quieres demostrar que eres maduro, necesitas dar el primer paso y decirle a tu pareja lo mucho que lo sientes, incluso si tienes razón. Lo más probable es que ellos también se trasladan para emitir una disculpa por algo que hizo mal.

Como humanos, tomamos algunas decisiones equivocadas y decimos cosas hirientes. Cuando esto es puesto en el de sano, lo mejor es admitir fallas y asumir la responsabilidad de lo que ha sucedido. Un fracaso para hacer esto sólo hará que su pareja muy triste y les hará daño aún más. Nadie quiere quedarse con un compañero que nunca admite cuando se equivoca. Si usted es rápido para admitir sus faltas, usted será rápidamente perdonado por su pareja.

Ser pacífico también significará que usted resuelve rápidamente cualquier problema que pueda tener con su cónyuge. Si no resuelve esos problemas a tiempo, solo se harán más grandes y más difíciles de resolver con el tiempo. Si no se toma cuidado, entonces necesitará un tercero para que venga a resolverlo o le ruego a ambos. Así que la próxima vez que note que hay un problema con su pareja rápidamente llame a su pareja y hable con ellos. No dejes que se quede por más de un día.

¿Recuerdas que eres un equipo? Si quieres superar los desafíos a tu tranquilidad, en lugar de luchar entre sí, lucha contra el problema. Cuando ambos están juntos, son más fuertes que estar separados. Así que si usted está luchando contra sus desafíos individualmente, sólo está a la mitad de sus posibilidades de tener éxito como pareja.

Por lo tanto, entiendan que se lastimarán unos a otros de vez en cuando y se dirán cosas desagradables el uno al otro. Cuando esto sucede, para mantener su tranquilidad, usted necesita hacer una pausa y reflexionar sobre la meta de un matrimonio feliz que ambos comparten. Cuando pienses en esto, no dirás algo muy hiriente. El simple truco es, acércate a tu pareja, diles que lo sientes sinceramente y dales un abrazo de oso. Si ambos están en paz el uno con el otro, mejorarán su salud y bienestar general. Evita el tratamiento silencioso infantil mientras te sentes y esperas a que tu pareja venga a disculparse.

También pueden trabajar en sí mismos si van a estar en paz el uno con el otro. Si tiendes a hablar más cuando estás enojado, asegúrate de golpearte solo para decir cosas que quieres decir y que no te arrepentirás después. Aprende a controlar más tu lengua porque cuando no te masí, la lengua puede iniciar una guerra y eso no te favorecerá ni a ti ni a tu pareja.

Si usted piensa que su matrimonio está bajo ataque y la paz es algo muy lejos de usted en este momento, puede buscar amablemente la ayuda de un profesional o de un icono religioso de confianza. También puede hablar con sus padres si se siente cómodo al respecto. No importa lo que cueste, asegúrese de estar en paz con su pareja.

Así que en pocas palabras, ser pacífico va más allá de simplemente no tener problemas. Incluso cuando tienes problemas, ser pacífico significa tomar medidas activas para hacer la paz.

Consejos para ser pacífico

COMUNICACIONES- como hemos visto, para que un matrimonio sea realmente fructífero, el mosto se comunica más. Cuando hay una situación decepcionante, siempre asumimos que esto es lo que la otra persona podría estar pensando o esto es lo que la otra persona quería hacer. Hacemos estas suposiciones sin saber exactamente cómo se sienten. Nos sentimos con derecho a todos debido a la suposición sin ninguna evidencia creíble de que tenemos la verdad.

Cuando tenga un problema con su cónyuge, no asuma simplemente que puede estar equivocado. Haz preguntas, habla de ello para que puedas saber exactamente cómo se sienten en lugar de asumir que sabes cuándo en esencia no lo sabes. Recuerde que tiene dos puntos de vista diferentes, que deben estar alineados antes de que el problema se pueda resolver. La comunicación es la única manera de salir de un desacuerdo y un pasaporte a su tranquilidad.

La comunicación también es muy importante, especialmente cuando tenemos opiniones aplazadas sobre algo. Puede ser muy difícil reiniciar la comunicación. Pero cuanto más rápido empieces a hablar después de un problema, más fácil será superar las cosas. Una historia será suficiente aquí.

Hay una pareja que tuvo una gran pelea, y resultó en el intercambio de palabras. Ambos dejaron de hablar entre ellos y se continuó durante unos días. ¿Cómo se las arreglaron entonces para vivir bajo el mismo techo? Bueno, se comunicaron usando notas. El esposo escribe notas y lo pone en la cena, la esposa viene, lo lee y responde con una nota también.

Bueno, se continuó durante bastante tiempo. Uno al día, el marido regresa a casa, escribe una nota y la coloca sobre la mesa. La nota dice: "Tengo una entrevista mañana, despiértame a las 5 a.m." La esposa lee la nota, y a la mañana siguiente cuando son las 5 a.m., la esposa camina al comedor, escribe otra nota que dice "¡Son las 5 a.m., despierta!"

Bueno, sin que te digan, puedes imaginar lo que le pasaría a nuestro amigo y a su esposa. Cuanto más permitas que las comunicaciones sufran, más sufrirá tu matrimonio.

FORGIVNESS- En un matrimonio para tener éxito, las partes involucradas deben ser muy buenas perdonar. Cuando se abstiene de extender el perdón, sólo está agregando combustible al fuego de la discordia que puede estar ya en el suelo, debe dejar de lado el resentimiento cuando reciba una disculpa de su cónyuge. Algunas personas sólo necesitarán una serie de disculpas antes de que puedan ser aplacadas. Esto también es muy malo un personaje. Se necesita un gran valor para pronunciar las palabras "lo siento". No te hagas difícil para la persona que viene a disculparse, ya sea estableciendo las apuestas tan altas.

Cuando perdones a tu esposo o esposa por un error, no lleves un registro mental de ello, utilizándolo como arma para el desacuerdo posterior. Cuando los perdones, hazlo desde lo más profundo de tu corazón y no lo vuelvas a mencionar en el futuro como si nunca los perdonaras en primer lugar. No hay absolutamente nada como perdonar y olvidar. Nos dieron un recuerdo por una razón, así que el consejo aquí cuando le pedimos que olvide es -como mencionamos sobre- nunca usarlo como un arma contra su compañero. Nunca hagas eso, duele.

El perdón llega hasta que tu pareja se vuelve infiel. Sí, y estamos a su antoverso. La verdad es que las parejas tienen mucho más de qué perdonarse de lo que se ve a simple vista. Así que si tu pareja se vuelve infiel, mientras que usted tiene la opción de alejarse de ese matrimonio y divorciarse de él o ella, siempre considere la opción del perdón.

Pero recuerde, usted es dueño de su matrimonio, si después de engañarlo, siente que no puede perdonar y quiere seguir adelante, por favor considere los costos de quedarse y salir, luego tome la decisión que sea mejor para su propia situación.

SER PACIENTE- Ser paciente con su cónyuge implica nunca esperar demasiado de ellos, demasiado de lo que pueden dar. Es realmente inmaduro estar siempre molesto por cosas muy pequeñas. Y cuando usted quiere discutir algo con su cónyuge y dicen "¿podemos discutir esto más tarde hoy?", por favor, sea realmente paciente con ellos, podrían tener una cosa importante que atender en el trabajo. Si olvida ser paciente, sólo llevará a una situación en la que cada pequeña cosa hecha en casa se convierte en un problema y pronto habrá un problema tras otro. Si usted se equivoca también, será lo correcto si de buen grado se disculpa sin ningún aviso de su esposo o esposa.

COMPROMISO- En un momento u otro, usted tendrá que llegar a un compromiso o un entendimiento con su cónyuge. A veces, los sentimientos de su cónyuge pueden verse afectados y sus sentimientos también pueden verse afectados simultáneamente. Cuando esto sucede, se trata de dejar las cosas ir y ambos llegan a un acuerdo acordado. Hay algunos rasgos que su proceso de pareja que es posible que nunca pueda cambiar. Puesto que no hay nada que realmente puedahacer al respecto, tendrá que aprender a vivir con ellos de esa manera. Ese derecho es un compromiso razonable. Si no lo haces, te encontrarás quejándote de cada pequeña cosa en el hogar y eso sólo quitará la paz de tu relación. Piénsalo también que incluso tú tienes algunos rasgos que tu pareja no tiene otra opción que manejar.

Es muy importante que usted descubra cuáles pueden ser estos rasgos durante el cortejo, y entienda mejor a su pareja por quiénes son. Si bien algunos rasgos se pueden administrar, otros pueden ser muy difíciles de administrar, y es posible que tenga puntos de vista bastante fuertes sobre estos. Mucho antes del matrimonio es el momento de encontrar estos rasgos y ver si usted será capaz de vivir con ellos o no.

Si bien es posible que puedas vivir con tu pareja, recuerda siempre que rara vez puedes cambiar a otros. Puedes testificar de lo difícil que es para ti hacer algunos cambios en la forma en que haces las cosas, así que ten mucho cuidado con la cantidad de compromiso que estarás dispuesto a tomar antes de aceptar entrar en ese matrimonio.

Un hombre o una mujer que te golpea antes del matrimonio, incluso si es después de perder los estribos podría volverse aún más abusivo físicamente después del matrimonio. Así que si bien alentamos el compromiso, nunca denuncigues demasiado que perderás tu identidad.

CONFIANZA- Si quieres paz en casa, debes esforzarte por confiar en tu compañero de matrimonio. Revisar sus teléfonos móviles y mensajes siempre, regañar las cosas triviales y cuestionar cada movimiento sólo causará problemas ocasionales entre ustedes dos. Si nunca te han dado una causa para no confiar en ellos, no empieces a sospechar de sus intenciones de hacer una cosa. Si empiezas a interrogarlos y monitorearlos, podrían perder el respeto que tienen por ti, y habrá una cosa más sobre la que discutir a diario. Esto no contribuirá a la felicidad y el éxito de su matrimonio. Cuando hagan llamadas, deja de preguntarles quién era cada vez. No invada su privacidad o su espacio personal.

RESPECTO- Cuando le da a su cónyuge un poco de respeto; usted es respetado de nuevo a cambio. Si habitualmente faltas el respeto a tu marido o a tu esposa, no puedes esperar que te sigan respetando. Sólo obtienes lo que das. Así que si quieres que los problemas sean pocos en tu matrimonio, aprende a respetar a tu cónyuge. Cuando esté en medio de una discusión, trate de no decir cosas que humillen a su cónyuge. Cuando ambos estén en lugares públicos, traten de darles cierta medida de respeto, ya que esto enviará una señal clara a cualquiera que vea que respeta a su esposo o esposa. Por otro lado, si no respetas a tu cónyuge en público, sólo estás dando a otros una licencia para faltarles el respeto.

RESOLVER EL PROBLEMA- Como regla general, no mezcle los problemas de ayer con el de hoy. Eso significa que si hay un problema; no lo dejes sin resolver antes de ir a la cama. Trate de discutirlo y ser feliz el uno con el otro. Si su pareja no se opone a ella, en los casos en que el asunto no se resuelve fácilmente, trate de hacer algún amor caliente y apasionado a la cama. Lo más probable es que cuando ambos se despierten al día siguiente, ambos estarán en una mejor posición para hablarde de manera amistosa.

OBTENGA AYUDA-En algunos casos raros, un desacuerdo puede ser demasiado engorroso para ser resuelto sobre una discusión uno-a-uno. En tales casos, puede involucrar a un tercero, que podría ser un profesional. La ayuda también puede ser tus padres o tus suegros. Pueden ser muy útiles cuando has probado todas las demás opciones para resolver el problema.

No hay éxito en un matrimonio si las partes involucradas no están en paz entre sí. Ahora, procedemos a la regla final, una que muchos pasan por alto hoy. Eso es ser de la misma mente cuando se trata de ser padres.

REGLA NO. 20- VISTA ADECUADA DE LA CRIANZA

Hay muchas razones por las que las parejas no están de acuerdo hoy en día, algunas no están de acuerdo sobre la intimidad sexual, otras sobre el número de hijos que deberían tener, otras por dinero, el tipo de matrimonios que deberían tener, etc. Sin embargo, hay un tema crucial que siempre causa problemas en la crianza en casa. Se ha encontrado que las cuestiones sobre la manera adecuada de criar a los niños afectan el ambiente que el hogar y el éxito general del matrimonio.

Antes de que los niños aparecieran, una pareja podría haber sido el mejor de los amigos, así como amigos gist. Pero cuando los niños llegan, estarán en la cabeza de los madereros sobre cosas triviales como dónde vivir, dónde pueden ir, a veces cuánto sexo deberían tener, y así sucesivamente. Algunos padres pueden ser más estrictos que el otro, mientras que uno puede querer que sus hijos sean tan inteligentes como lo son a toda costa.

La verdad es que la mayoría del matrimonio siente el dolor cuando estas cuestiones acerca de la crianza de los hijos aparecen. Pero piensa en cuando éramos niños. Todos tenemos algunos límites que nos pusieron nuestros padres. Si pudieran poner límites para nosotros y esos límites nos hicieran mejores personas hoy en día, entonces sólo es normal establecer límites razonables para nuestros hijos. Sin tales límites, toda la casa estará en un estado de anarquía como los niños harán lo que quieran. Como se mencionó anteriormente, los niños no quieren límites y los padres pueden diferir en la cantidad de límites que se deben establecer para los niños.

Cómo razonar sobre los límites de los niños

Diálogo

Cuando usted comienza a tener hijos, es bueno que usted y su pareja comiencen a discutir las estrategias que ambos emplearán cuando los niños crezcan hasta ese estado donde necesitan alguna medida de límites. Comience este tipo de discusión con mucha antelación. No te entusiasmes hacer que tus deseos se peguen. Permita que su pareja hable de sus propias ideas también, y luego ambos pueden decidir qué estrategia funcionará mejor para usted. Puesto que ambos no siempre querrán lo mismo, estén preparados para comprometerse en algunas áreas.

Acuerdo Mutuo

Al establecer reglas de la casa, asegúrese de que es lo que usted y su compañero de matrimonio están de acuerdo. Siéntate a hablar de por qué estás haciendo tal regla en caso de que tengas hijos. Para su custodia, escríbalos. Esto te ayudará a no olvidar esas cosas.

Algunas de las cosas en las que puede estar de acuerdo es cuánto tiempo le permitirá a su hijo ver la televisión, a qué hora desea que duerman todos los días, etc.

Cuando sus hijos sean mayores de edad, hágales saber de inmediato las reglas de cada casa y dígales las consecuencias de no cumplir.

Acordar mutuamente las consecuencias

Cuando se rompan las reglas de la casa, siempre habrá consecuencias. Como padres, podría haber diferentes ideas de castigo en su cabeza. Algunos padres podrían favorecer algunas nalgadas, mientras que otros podrían preferir la puesta a tierra. Para que estas ideas contradictorias no empiecen a causar algunos problemas, es mejor ponerse de acuerdo sobre ellas antes de que las ideas en conflicto empiecen a causar algunos problemas. Algunos padres podrían decidir que algún tipo de castigo podría ser demasiado duro para algunos niños. Por lo tanto, al igual que desea hacer una lista de las reglas de la casa, también puede hacer una lista de las consecuencias de romper cada regla de la casa.

Tener la espalda del otro

El plan ya está en marcha, lo correcto es que ambos estén en el mismo nivel al tener la espalda del otro cuando llegue el momento de implementarlos. Nunca deje que ningún niño haga que usted y su cónyuge abandonen lo que usted ha preparado para ellos. Cuando uno de los padres es indulgente, anulando la regla mientras el otro está tratando de seguir con la regla, sólo causará una discordia palpable entre ambos. También les dirá a los niños que usted no es serio con cualquier otra regla que les dé.

Nunca discuta delante de sus hijos sobre las reglas

Usted y su esposa sólo se convertirán en un hazmerreír para sus hijos si hacen esto. Así que, cuando uno de ustedes esté administrando la disciplina, absténganse de interferir. La imagen que pintará en la mente de sus hijos si usted comienza a discutir delante de ellos sólo pondrá a sus padres en desventaja. Los niños pueden notar fácilmente cuando sus padres no están de acuerdo. Mientras tu pareja no sea demasiado abusiva, deja que administren la consecuencia.

Incluso si usted no se encuentra cómodo con la forma en que se administró la disciplina, informe en privado a su pareja en lugar de hacerlo delante de los niños.

Ser adaptable

A medida que sus hijos crecen, es posible que vea la necesidad de ajustar algunas reglas para adaptarse a su edad y circunstancias actuales. Cuando esto suceda, no seas demasiado rígido. Realice el ajuste necesario. Por supuesto, el ajuste no debe realizarse unilateralmente.

PUNTOS CLAVE

- No luches contra tu cónyuge delante de tus hijos

- Apoyarse unos a otros frente a sus hijos, incluso si usted siente que algo no está bien

- Se necesita autocontrol para permanecer fiel a su cónyuge.

Conclusión

Como hemos visto, el matrimonio es una institución muy hermosa que puede beneficiar a las dos partes involucradas: el marido y la esposa. Lamentablemente, la mayoría de los matrimonios de hoy sólo están en una dirección: el divorcio. La velocidad a la que esto es cada vez más alto es alarmante, incluso para los expertos en matrimonio. Entre las celebridades, el divorcio no es nada nuevo para ellos, ya que algunos incluso se han divorciado más de una vez.

Esto no significa que los matrimonios nunca tendrán éxito. Hay parejas que han disfrutado décadas juntos como compañeros de matrimonio, y todavía se están depilando más fuertes. ¿Cuál es la diferencia? Una firme determinación para hacer que las cosas funcionen entre ellos. Como se opinó anteriormente en este libro, todo lo bueno necesita una medida de esfuerzo. Podemos pensar en ello de esta manera: para que un plato sea delicioso, debe estar bien adornado con todos los ingredientes vitales que contribuirán al sabor general. En la misma línea, para que un matrimonio tenga éxito, los involucrados deben mostrar las cualidades necesarias resaltadas en este libro.

No importa cuánto muestre las cualidades necesarias; todavía habrá momentos en que las cosas puedan flaquear. No estamos prometiendo una vida perfecta. Ambos son imperfectos y probablemente permanecerán así. Pero cuando te esfuerces por aplicar las sugerencias de este libro, los problemas serán pocos. No habrá ningún motivo para una disputa que no pueda ser reconciliada.

Sí, tu matrimonio puede tener éxito contra todo pronóstico.

Referencias

www.jw.org

Libro- 5 Love Languages (Gary Chapman)

Libro- The 7 Principles para Making Marriage Work (John Gottman)